성공

유혹인가,
축복인가

생명의말씀사

THE DANGER OF PROSPERITY
by William Bates

This Korean edition ⓒ 2015 by Word of Life Press, Seoul, Korea
All rights reserved.
Printed in Korea.

성공 유혹인가,
축복인가

ⓒ 생명의말씀사 2015

2015년 8월 25일 1판 1쇄 발행

펴낸이 | 김재권
펴낸곳 | 생명의말씀사

등록 | 1962. 1. 10. No.300-1962-1
주소 | 서울시 종로구 경희궁1길 5-9(03176)
전화 | 02)738-6555(본사) · 02)3159-7979(영업)
팩스 | 02)739-3824(본사) · 080-022-8585(영업)

기획편집 | 박미현, 유영란
디자인 | 조현진, 최윤창
인쇄 | 영진문원
제본 | 정문바인텍

ISBN 978-89-04-16518-6 (03230)

저작권자의 허락없이 이 책의 일부 또는 전체를
무단 복제, 전재, 발췌하면 저작권법에 의해 처벌을 받습니다.

성공

유혹인가,
축복인가

목 차

편집자 서문   축복, 그 이후의 선한 열매를 위해   06

1부 왜 위험한 유혹인가

1장. 부와 성공은 악한가? 12

어리석음의 길 vs 지혜의 길 | 하나님께서 우리에게 주신 완전한 선

2장. 부와 성공은 어떤 영향을 미치는가? 20

부와 성공은 인간의 욕망을 자극합니다 | 부와 성공은 인간의 분노를 자극합니다 | 부와 성공은 하나님을 무시하는 태도를 부추깁니다 | 부와 성공은 사탄의 유혹에 쉽게 이끌리게 합니다 | 부와 성공의 남용은 많은 사람을 파멸로 이끕니다 | 부와 성공은 은혜를 쉽게 무시하도록 만듭니다 | 부와 성공은 죄인의 회심을 방해합니다 | 그리스도를 위해 받는 고난이 싫어집니다

2부 축복이 될 수는 없는가

3장. 영혼의 본성을 회복하라 94

인간은 영적인 존재로서 영혼과 이성을 지닙니다 | 인간은 세상에서 참된 만족을 얻을 수 없습니다 | 하나님께서 주신 지혜의 길을 따르지 않겠습니까?

4장. 지금이 끝이 아니다 114

죄인의 심판은 하나님의 공의를 드러냅니다 | 죄인의 심판은 확실합니다 | 죄인은 자기가 행한 만큼 심판을 받습니다 | 죄인의 심판은 우리에게 가르침을 줍니다

5장. 어떻게 바로 서는가? 146

부와 성공 앞에 지혜로운 자가 되십시오 | 먼저 자기 연약함과 악한 본성을 겸손히 인정하십시오 | 항상 온유한 성품을 유지하십시오 | 하나님께 깊이 감사하며 헌신하십시오 | 항상 깨어 경계하고 하나님을 경외하십시오 | 하나님께서 주신 축복을 알맞게 사용하십시오 | 하나님과의 교제를 가장 귀하게 여기십시오 | 하나님의 영광을 위해 부와 성공을 사용하십시오 | 모든 소유를 언제든 하나님께 드리기로 결심하십시오 | 충분할 때도 항상 하나님의 은혜를 간절히 구하십시오

부와 성공에 대한 점검 리스트 180
저자의 글 부와 성공을 사용하는 지혜의 서 184

편집자 서문

축복, 그 이후의 선한 열매를 위해

한국 교회는 하나님의 큰 축복을 받아 놀랍게 성장했습니다. 교회에 수만 명이 모이고, 세상에서 성공한 성도들은 고지에 올라서서 하나님께 영광을 돌린다고 고백합니다. 우리는 축복을 받았습니다.

그러나 오늘날 많은 사람들이 교회와 크리스천에게 등을 돌리고, 교회 안에 있던 사람들마저도 교회를 떠나갑니다. 축복을 누리는 우리에게 무슨 일이 일어난 걸까요?

교회 건물이 높게 세워지고 크리스천이 세상에서 누구보다 성공할 때 왜 세상 사람들은 위대하신 하나님을 함께 찬양하며 교회로 모여들지 않을까요?

육신의 관점뿐만 아니라 영혼의 유익까지 생각했을 때, 우리는 정말 성공한 걸까요?

그동안 우리의 외양은 돈이 있으면 행복할 거라 믿으며 성공을 향해 달려가는 세상의 모습과 다르지 않았습니다. 하나님께서 주시는 영적 만족이 세상의 부와 성공이 주는 육신의 안락함과 동일하지 않다는 것을 애써 외면했는지도 모릅니다.

솔로몬은 하나님께 지혜를 얻어 세상에서 누릴 수 있는 부와 명예와 권세를 다 누렸습니다. 그가 남긴 잠언과 전도서는 우리가 세상을 살아가면서 유의해야 할 것들이 무엇인지 알려줍니다. 모든 것을 다 누려본 솔로몬은 모든 지혜로 다 헤아린다 하더라도 여호와를 경외하는 것이 가장 근본이라고 말했습니다. 그렇지만 솔로몬 역시 부와 명예를 누림으로 안일함에 빠지게 되었고, 결국 그의 사후 이스라엘 백성들은 하나님 경외하기를 잊고 말았습니다.

히스기야왕은 하나님께 은혜를 입어 15년의 삶을 덤으로 받았습니다. 하지만 보너스로 받은 삶에서 얻은 아들 므낫세는 이스라엘 왕 중에 가장 큰 악행을 저질러 이스라엘의 몰락을 초래했습니다.

다윗은 오랜 야전 생활을 청산하고 왕궁을 안온하게 거닐다 밧세바를 범하는 죄를 지었습니다. 축복은 더 큰 축복의 열매로 이어지지 않았습니다.

이렇듯 성경에는 축복 이후 넘어진 이들의 이야기가 많습니다. 하나님은 선으로 우리가 모든 것을 누리게 해주셨지만, 그 축복을 누리던 사람들은 하나님께 온전히 영광을 돌리는 모습으로 끝을 맺지 못했습니다.

축복은 그 이후가 더 중요합니다. 하나님께서 주신 선한 복을 누리는 것에서 그치지 않습니다. 축복은 어쩌면 더 엄중한 신앙의 시험대인지도 모릅니다. 고난은 우리로 당장 하나님 앞에 달려가게 만들지만, 축복은 안일하게 하나님을 잊도록 만듭니다.

세상은 우리에게 더 많이 가지라고, 더 높아지라고 속삭입니다. 그러면 원하는 모든 것을 얻고 행복해질 거라고 말입니다. 그러나 육신의 평안과 세상에서의 안락함을 보장해주는 축복이 영적으로도 유익한지 살펴보아야 할 때입니다.

가져도 안 가져도 상관없지만, 받았다면 내 욕심을 따르지 않고 하나님의 영광을 위해 선한 청지기처럼 사용할 줄 알아야 합니다. 그래서 축복은 견책과 점검, 훈련이 필요합니다.

고난 앞에 인내하고 축복 앞에 경계하기.

이 책은 축복 앞에서 넘어지지 않기 위해 유의할 일과 바로 서기 위해 해야 할 일을 알려줍니다. 부와 성공을 다루는 자신의 모습을 점검하기 위해 점검 리스트를 실었습니다. 또한 오래된 영어 글을 쉽게 이해할 수 있도록 현대화하는 작업을 했습니다.

윌리엄 베이츠는 다른 청교도 설교자들보다 특히 진리의 실천적인 면에 많은 주의를 기울였다고 합니다. 부와 성공의 이면에 자리 잡은 육신의 정욕이 어떻게 사람의 마음과 이성을 움직이는지 밝혀내는 통찰력이 놀랍습니다. 이를 바탕으로 우리 내면뿐 아니라 외부의 행동까지 어떻게 조심해야 하는지 일목요연하게 정리해줍니다.

왜 우리가 축복 앞에 안일해지는지, 그 축복을 선하게 사용하기 위해 어떻게 해야 하는지 깊이 묵상하는 데 도움이 되는 내용들입니다. 이 책과 함께 스스로 겸비하고 돌아보아 하나님 앞에 섰을 때 잘했다고 충성되고 선한 청지기라고 칭찬받는 모두가 되었으면 좋겠습니다.

1부 왜 위험한 유혹인가

1장. 부와 성공은 악한가?

어리석음의 길 vs 지혜의 길

"어리석은 자의 퇴보는 자기를 죽이며 미련한 자의 안일은 자기를 멸망시키려니와"(잠 1:32).

이 구절은 불행을 일으킬 만한 잘못을 피하여 빛과 행복에 참여하라고 촉구하는 하나님의 지혜를 전합니다. 이 말씀을 통해 인간의 어리석음에 대한 하나님의 분노와 책망뿐 아니라 그들의 파멸을 가엾게 여기시는 하나님의 마음을 느낄 수 있습니다.

"너희 어리석은 자들은 어리석음을 좋아하며 거만한 자들은 거만을 기뻐하며 미련한 자들은 지식을 미워하니 어느 때까지 하겠느냐"(잠 1:22).

인간의 몸을 입으신 하나님의 지혜, 곧 우리의 구세주께서는 "그들(바리새인들)의 마음이 완악함을 탄식하사 노하심으로 그들을 둘러 보"(막 3:5)신 바 있습니다. 하나님께서는 "나의 책망을 듣고 돌이키라"(잠 1:23)고 말씀하시며 인간의 회심을 향한 간절한 바람을 나타내셨습니다. 그리고 또한 "보라 내가 나의 영을 너희에게 부어 주며"(잠 1:23)라는 은혜로운 약속까지 주셨습니다. 만일 어리석고 고집스런 태도로 이 조언을 무시하고 지혜의 책망을 거절한다면, 예기치 않은 때에 완전히 멸망할 수 있습니다. 하나님의 말씀을 무시한 결과 돌이킬 수 없는 상황에 직면할 것입니다.

"내가 불렀으나 너희가 듣기 싫어하였고 내가 손을 폈으나 돌아보는 자가 없었고 … 너희가 재앙을 만날 때에 내가 웃을 것이며 너희에게 두려움이 임할 때에 내가 비웃으리라 너희의 두려움이 광풍 같이 임하겠고 너희의 재잉이 폭풍 같이 이르겠고 너희에게 근심과 슬픔이 임하리니 그 때에 너희가 나를 부르리라 그래도 내가 대답하지 아니하겠고 부지런히 나를 찾으리라 그래도 나를 만나지 못하리니 대저 너희가 지식을 미워하며 여호와 경외하기를 즐거워하지 아니하며"(잠 1:24, 26-29).

그들은 고통 속에서 뒤늦게 긍휼을 부르짖겠지만 하나님께서는 공의로 심판하실 것입니다. 그들의 마지막 파멸은 그들 스스로 선택한 운명입니다. 회개를 촉구하시는 하나님의 은혜로운 부르심을 번번이 외면한 결과입니다. 우리 삶에 축복을 베푸신 분이 하나님이신 것을 알고 마땅히 복종해야 했지만, 그들은 축복을 남용하며 마음을 강퍅하게 했습니다. "지식을 미워하며 여호와 경외하기를 즐거워하지 아니"(잠 1:29)한 것입니다. "어리석은 자의 퇴보는 자기를 죽이며 미련한 자의 안일은 자기를 멸망시"(잠 1:32)킨다는 말씀을 기억하십시오.

잠언에서는 죄인의 특징을 설명할 때 '어리석다'는 표현을 사용합니다. 죄인을 어리석다고 말할 수 있는 이유는 충분합니다. 인간의 삶을 이끄는 가장 중요하고도 보편적인 미덕은 바로 '신중함'입니다. 인간은 신중함을 통해 스스로를 통제하고 행위를 조절해 악을 피할 수 있습니다. 그리하여 자신에게 꼭 필요한 선을 선택하는 것입니다. 이 신중함과 정면으로 대치되는 것이 바로 어리석음입니다. 어리석음은 다가올 재앙을 미리 방지하지 못하게 만들고, 선한 것을 얻을 수 있는 기회를 날려 버립니다. 선한 것은 귀하고 가치 있지만 악한 것은 해롭고 위험한 법입니다. 선을 무시하고 악을 선택하는 사람은 용서받을 수 없는 화를 불러들이는 것입니다. 따라서 완고하게 회개를 거부하는 자들을 죄인, 즉 어리석은 사람이라 부르는 것은 마땅합니다.

부와 성공은 세상 사람들이 우러러 보는 모든 것을 의미합니다. 재산과 명예, 쾌락과 힘, 건강과 풍요 등 육신의 생각과 정욕을 만족시키는 모든 것 말입니다. 어리석은 사람들은 이 모든 축복을 남용해 하나님을 대적합니다. 그래서 결국 자기 영혼을 영원한 죽음으로 몰아넣습니다. 부와 성공은 그것을 바르게 사용하는 법을 모르는 어리석은 죄인들에게 치명상을 입히는 무기입니다. 이번 장에서는 이를 설명하는 데 필요한 몇 가지 전제를 알아보려 합니다.

하나님께서 우리에게 주신 완전한 선

첫째, 우리가 사는 이 넓은 세상과 자연은 인간이 하나님을 섬기는 데 유용하도록 설계되었습니다. 온갖 요소와 피조물로 구성된 이 세계는 창조주의 창조 목적에 맞는 고유한 선(善)과 완전함을 이미 지니고 있습니다.

사실 이 세상 그 자체는 인간의 감각을 즐겁게 하는 부패와 더러움이 존재하지 않습니다. 세상이 위험해진 이유는 하나님이 그렇게 만드셨기 때문이 아니라 사탄이 더러운 죄의 법으로 다스리고 있기 때문입니다. 세상에는 본질적으로 인간의 생각을 왜곡시키는 요소가 없습니다. 반대로 인간의 마음에서 비롯된 욕망이 세상을 오염시킵니다.

사도 요한의 말대로 세상을 사랑하면서 하나님을 사랑한다고 하는 것은 모순입니다. 그가 신자들에게 세상을 사랑하지 말라고 권고했던 이유가 여기에 있습니다.

"이는 세상에 있는 모든 것이 육신의 정욕과 안목의 정욕과 이생의 자랑이니 다 아버지께로부터 온 것이 아니요 세상으로부터 온 것이라"(요일 2:16).

사도 요한은 세상의 재물, 명예, 쾌락이 악한 욕망에 의해 인간 자신에게 치명적인 영향을 미칠 수 있다고 암시한 것입니다.

치명적인 정욕을 피하여 순결함을 얻으려면 복음의 능력이 필요합니다. 사도 베드로는 말했습니다. "그 보배롭고 지극히 큰 약속을 우리에게 주사 이 약속으로 말미암아 너희가 정욕 때문에 세상에서 썩어질 것을 피하여 신성한 성품에 참여하는 자가 되게 하려 하셨느니라"(벧후 1:4). 이 말씀은 정확합니다. 하나님을 분노하시게 만들지 않으면서 세상의 축복을 올바로 누리는 경건한 이들을 볼 때 알 수 있습니다. 그들은 부와 성공을 얻었지만 하나님의 성품에 참여함으로 더욱 거룩하고 신령한 삶을 삽니다. 다른 이들에게는 많은 자선을 베풀어 큰 유익을 안겨줍니다. 그러나 어리석은 사람들은 하늘이 내리는 단비를 짠물로 바꾸는 바다처럼 하나님의 축복을 짐승같은 정욕을 만족시키는 수단으로 전락시킵니다.

이처럼 세상의 것이 모순된 결과를 가져오는 이유는 그 자체의 속성 때문이 아닙니다. 세상은 언제나 동일합니다. 그러나 세상을 사용하는 사람들의 성향이 저마다 다릅니다. 그것이 원인입니다.

둘째, 하나님께서 풍성한 축복을 베푸시는 이유는 우리가 하나님을 사랑하고 존귀하게 여기며 그분을 정성껏 섬기게 하기 위함입니다.

하나님의 축복은 그분의 사랑과 선하심을 드러내는 가장 확실한 징표입니다. 또한 하나님에 대한 우리의 사랑과 복종과 감사를 일으키는 강력한 수단이기도 합니다. 하나님께서는 "내가 사람의 줄 곧 사랑의 줄로 그들을 이끌었고"(호 11:4)라고 말씀하신 바 있습니다.

만약 당신이 축복을 옳게 받아들인다면 그것을 베푸신 하나님을 바라보며 그분을 기쁘시게 하려고 노력할 것입니다. 하나님의 은혜와 자비하심을 떠올리며 감사하는 것은 지극히 자연스러운 일입니다. 만약 하나님 보시기에 합당하지 않은 행위를 저질렀다면 마땅히 이를 분하게 여기고 잘못을 뉘우쳐서 본래의 선한 태도를 회복해야 합니다. 하나님께서는 자기 죄를 정직하게 뉘우치는 자들을 긍휼히 여기십니다. 하지만 대부분의 사람들은 하나님의 자비와 은혜에도 불구하고 죄로 마음을 더욱 굳게 만듭니다.

셋째, 악인들이 하나님께서 주신 축복을 남용하고 그 은혜를 주신 탁월한 목적을 멸시하며 무시할 때, 하나님께서는 그들이 부를 누리도록 방치하셔서 스스로 저주를 불러들이게 하십니다.

하나님의 의롭고 엄한 심판으로 방치된 악인들은 마음이 더욱 강퍅해져 개선 불가능한 상태로 정욕을 한껏 채우다가 끔찍한 멸망을 자초할 것입니다. 하나님께서 우리에게 주신 가장 영광스러운 선물, 예수 그리스도에 대한 시므온의 고백을 보십시오. "보라 이는 이스라엘 중 많은 사람을 패하거나 흥하게 하며 비방을 받는 표적이 되기 위하여 세움을 받았고"(눅 2:34).

복음을 통해 받은 이 풍성한 은혜를 멸시하고 무시하는 사람들에게 '영혼의 구세주 예수님'은 오히려 혹독한 심판을 불러들이는 원인이 됩니다. 사람들이 하나님의 은혜와 축복을 감사하기는커녕 도리어 그분을 욕되게 하는 수단으로 바꿀 때, 하나님께서는 그들의 죄와 형벌이 더욱 커지도록 방치하실 것입니다. 시편 저자가 악인들을 저주하며 드린 기도를 살펴보십시오. "그들의 밥상이 올무가 되게 하시며 그들의 평안이 덫이 되게 하소서" (시 69:22). 이처럼 악인에게 주어진 부와 성공은 느닷없이 치명적인 파멸을 가져다주는 적의 공습과도 같습니다.

이러한 파멸은 하나님의 무섭고 냉엄한 심판에서 나옵니다. 그러므로 죄인은 세상에서 형통하며 평화와 안락을 누리는 것보다 차라리 세상의 온갖 시련을 당하는 편이 더 낫습니다. 고난을 많이 겪을수록 하나님의 은혜의 보좌 앞에 더욱 열심히 나아가 고통을 이기는 은혜를 얻을 수 있기 때문입니다. 죄인은 세상에서 많은 유익을 누릴수록 육신의 정욕에 취해 흉악한 원수인 사탄에게 더욱 이끌릴 것입니다.

2장. 부와 성공은 어떤 영향을 미치는가?

　부와 성공을 남용하면 그 대가로 죄에 대한 책임과 형벌을 짊어지게 됩니다. 거기서 돌이키지 않는다면, 분노로 보응하시는 하나님을 보게 될 것입니다. 부와 성공의 남용은 인간의 온전한 행복에도 완전히 역행하는 일입니다. 인간은 하나님의 형상을 회복해 그분과 즐거운 교제를 나눌 때 충만한 행복을 얻습니다.

1. 부와 성공은 인간의 욕망을 자극합니다

　인간은 육체와 영혼으로 이루어져 있습니다. 육체는 동물들과 본질이 같고, 영혼은 천사들과 같습니다. 맨 처음 하나님께서 육체와 영혼을 연합시키실 때 육체로 하여금 영혼에 복종하도록 만드셨습니다. 육체는 비록 흙으로 지어졌지만, 하늘로 향하는 영혼의 성향을 억압하거나 방해하지 않았습니다. 육체의 소욕은 영혼을 거스르지 않았고, 영혼도 육체의 소욕을 거스르지 않았습니다(갈 5:17 참조). 두 눈이 항상 함께 움직이며 같은 방향을 바라보는 것처럼, 이성과 감각은 항상 일치했고 생각과 욕구도 늘 조화를 이루었습니다. 이러한 법칙에 따라 인간은 내적인 평화와 거룩함을 유지할 수 있었습니다.

그러나 아담이 죄를 짓는 순간, 영혼은 주도적인 힘과 자유를 잃고 말았습니다. 에덴동산에서 일어난 첫 번째 유혹으로 오염된 영혼은 육체에 영향을 미치기 시작했습니다. 그리고 이제는 육체가 영혼에 영향을 줍니다. 정욕과 분노(이 둘은 보통 한 쌍으로 엮여 영향력을 행사합니다)와 같은 육신의 욕망이 인간의 이성과 의지를 지배하고 인간을 통제합니다.

인간이 쾌락을 사랑하는 건 매우 자연스러운 일입니다. 유혹의 종류가 다양하고 더 매혹적일수록 쾌락은 인간의 마음에서 위력을 발휘합니다. 어떤 행위나 대상이 즐겁게 느껴지면 그와 관련된 헛된 공상이 자연스럽게 시작되는데, 이러한 그릇된 상상은 기묘한 힘을 가져서 그 행위나 대상에 매력 또는 두려움을 느끼게 만듭니다. 헛된 공상 속에서는 나쁜 요소가 더 나쁘게 보이기도 하고, 좋은 요소가 더 좋게 보이기도 합니다.

헛된 공상을 하다보면 욕정이 자극됩니다. 그렇게 활기를 얻은 욕정은 이성을 차차 마비시키고, 결국 욕정을 채우는 실제적인 행위를 하도록 의지의 동의까지 얻어냅니다. 아담이 아내의 권유를 받아들이면서 순결함과 낙원을 상실했던 것처럼, 영혼은 자기와 결합된 육체의 욕망을 받아들이면서 순결함과 행복을 상실합니다. 이렇듯 감각을 자극하는 쾌락은 헛된 공상, 그리고 욕정과 함께 어우러지며 인간의 영혼을 대적합니다. 이것들은 끊임없이 순환하며 서로를 부추기고 영향력을 발휘합니다.

성경에서 타락한 상태의 인간을 '육신'으로 일컫고 그의 본성 안에 육신의 정욕 외에는 다른 원리가 없는 것처럼 말하는 이유가 여기에 있습니다. 본래 인간에게는 하나님과의 즐거운 교제를 위해 만들어진 고귀한 영적 기능이 있었으나 육신 안에 파묻히고 말았습니다. 자연 상태의 인간을 묘사한 사도 바울의 말이 이 점을 분명하게 보여줍니다.

"전에는 우리도 다 그 가운데서 우리 육체의 욕심을 따라 지내며 육체와 마음의 원하는 것을 하여"(엡 2:1-3 참조).

우리에게는 본래 이해력과 의지라는 중요한 기능이 있었으나 쾌락을 추구하면서 부패하고 말았습니다. 감각에서 비롯된 육신의 정욕은 오염된 의지 및 생각과 조화를 이루고 행위까지 일으킵니다. 그리하여 육신의 욕구를 한껏 만족시킵니다. 이제 생각은 육신의 정욕에 뒤따르는 수치와 죄책감을 적절히 가리기 위한 수단일 뿐입니다. 의지 또한 무분별한 욕망에 종속됩니다.

세상에서 부를 누리다 보면 다양한 종류의 유혹을 만납니다. 거기에 매료되면 헛된 생각이 머릿속에 자리를 잡고 점차 활발해지며 정욕에 대한 관심이 깊어집니다. 헛된 생각이 부추기는 것들이 그럴 듯하게 보이도록 스스로 합리화하고, 의지를 자극시킵니다. 쾌락에 설득된 의지는 기꺼이 그것을 실행하기로 결정합니다. 헛된 생각에 잠식되어 육신의 정욕이 발동하는 순간 마침 적당한 대상이 눈앞에 등장하면, 욕망은 더욱 뜨거워져 거센 불길처럼 활활 타오릅니다.

육신의 정욕은 만족시킬수록 점점 더 커지는 법입니다. 이런 일이 반복될수록 정욕은 더욱 무분별해지고 우리를 끈질기게 유혹합니다. 그러면 결국 우리의 영혼은 천박하고 악한 것을 넋 놓고 좋아하며 거기에서 헤어 나오지 못합니다. 부와 성공을 누리는 많은 사람들이 쾌락의 유혹과 불법의 올무에 걸려 스스로를 더럽히며 많은 죄를 짓고 있습니다.

2. 부와 성공은 인간의 분노를 자극합니다

사람이 분노하는 가장 흔한 원인은 크게 두 가지입니다. 좌절된 욕망, 그리고 체면이 깎이며 생긴 수치심입니다.

첫 번째 원인인 욕망은 강할수록 통제하기가 더욱 어렵습니다. 바라던 바를 이룰 거라 기대했는데 손해를 보거나 욕구가 충족되지 않으면 분노를 느낍니다. 세상의 부는 욕망을 더욱 크게 부추기기 때문에 이 욕망이 제어되면 격한 분노가 일어납니다. 타오르는 분노는 차분한 이성의 빛이 사그라지도록 만듭니다. 그리고 스스로 손해를 봤다고 여기면서 이에 대해 보복하고 싶어 어쩔 줄 모르도록 만듭니다. 야심과 탐심에 사로잡힌 욕망이 좌절되는 일. 세상에서 일어나는 모든 다툼과 무질서는 여기에서 비롯됩니다. 이것이 야고보가 "너희 중에 싸움이 어디로부터 다툼이 어디로부터 나느냐"(약 4:1)라고 책망하며 물었던 이유입니다.

분노의 두 번째 원인은 수치심입니다. 공개적으로 또는 자기 내면에서 체면이 손상됨을 느낄 때 수치심이 작용합니다. 부와 성공을 성취한 사람들은 은연중에 스스로가 남들보다 더 가치 있고 대접받을 만하다고 생각하기 쉽습니다. 그러면서 자기보다 못한 처지의 사람들을 내심 낮게 여깁니다. 그들은 자기 체면이 구겨졌다고 느낄 때 더욱더 크게 화를 내는 경향이 있습니다.

그들은 또한 눈에 이상한 병이라도 걸린 듯 어디서든지 자신의 형상만을 주목합니다. 부와 성공은 인간으로 하여금 자신의 실제 가치를 훨씬 뛰어넘는 존귀함을 스스로 부여하도록 만듭니다. 빛을 굴절시켜 물체를 더욱 크게 보이도록 하는 돋보기처럼, 난쟁이를 거인같이 보이게 합니다. 교만하고 어리석은 사람은 이처럼 부풀려진 자신의 탁월함만을 항상 생각하는 것입니다.

부와 성공을 이루면 흔히 교만이 뒤따라옵니다. 그리고 바로 분노가 뒤따릅니다. "교만에서는 다툼만 일어날 뿐이라"(잠 13:10)는 말씀을 기억하십시오. 교만과 분노와 복수심은 뱀처럼 뒤엉켜 서로를 부추깁니다. 교만한 사람은 자기 비위를 건드리는 모든 것에 대해 조급하고 거만하며 난폭한 반응을 보입니다. 교만은 자신을 거스르는 것을 큰 모욕으로 간주하여 분노를 터뜨리고, 분노는 복수심을 일으켜 스스로 피해 입었다고 여기는 만큼 똑같이 되갚으려 합니다.

이를 구체적으로 보여주는 비극적인 사례가 성경에 있습니다. 선지자 엘리사는 하사엘이 이스라엘 백성의 무고한 피를 흘리게 할 것이라고 눈물을 흘리며 예언했습니다. "네가 그들의 성에 불을 지르며 장정을 칼로 죽이며 어린 아이를 메치며 아이 밴 부녀를 가르리라." 그러자 하사엘은 엘리사에게 "당신의 개 같은 종이 무엇이기에 이런 큰일을 행하오리이까"라고 묻습니다. 엘리사는 "여호와께서 네가 아람 왕이 될 것을 내게 알게 하셨느니라"라고 대답합니다(왕하 8:12, 13 참조). 엘리사의 예언대로 하사엘은 왕이 되었고, 교만함에 부와 권력까지 주어지자 인간성을 완전히 상실하여 걷잡을 수 없이 포악해집니다. 그의 분노는 예고대로 끔찍한 결과를 일으키고 말았습니다.

3. 부와 성공은 하나님을 무시하는 태도를 부추깁니다

이 태도는 수많은 악을 일으키는 가장 큰 죄입니다. 모든 죄는 정상 범위에서 과하거나 부족할 때 발생합니다. 달리 말하면 피조물에 불과한 것들을 과대평가하고 사랑하거나, 하나님을 무시하고 멸시하거나 둘 중 한 가지 극단에 치우칠 때 발생합니다. 세상에서 부와 성공을 거두면 하나님을 싫어하는 속된 마음이 커지고 세상을 좋아하는 성향이 강해집니다.

이 주제를 설명하기 전에 우리가 하나님 앞에서 마땅히 취해야 할 본질적인 태도를 생각해 보려 합니다. 모든 피조물은 우주 안에서 각기 고유한 목적을 지닙니다. 그중 인간의 존재 목적은 오직 하나님 한 분입니다. 이를 부인하는 것은 창조 질서에 대한 명백한 모순입니다. 이것을 기억하며 다음을 살펴보겠습니다.

1) 하나님만이 우리의 창조주요 모든 위로의 근원이심을 인정하고 감사해야 합니다.

이 사실을 인정하지 않는 사람은 하나님의 위엄과 영광을 욕되게 하는 것입니다. 그분의 은혜와 선하심을 받아들이는 신성한 의무를 저버리는 것입니다. 그런 사람은 하나님의 진노를 끊임없이 자극하는 중대한 죄를 저지르고 있습니다. 물론 모든 죄는 율법을 주신 하나님의 권위를 모독하는 일입니다. 그러나 하나님을 인정하지 않는 죄는 하나님의 신성을 직접적으로 욕되게 하는 반란죄와 같습니다. 왕권 아래에서 일반적인 범죄를 지으면 왕의 법률을 거역한 죄인이 됩니다. 하지만 반란을 저지른 자는 왕의 법률을 거역할 뿐 아니라 왕의 인격과 권위를 직접적으로 대적하고 모독하는 죄를 지은 것입니다.

어리석은 죄인들은 부와 성공을 누릴 때 하나님을 무시하기 쉽습니다. 세상의 온갖 것들이 생각과 마음을 지배하기 때문에 하나님을 향한 사랑과 깊은 묵상이 싹틀 겨를이 없습니다. 악인은 일반적으로 "모든 사상에 하나님이 없"(시 10:4)는 것처럼 살지만,

특히 부를 누리는 악인의 경우는 더 심각합니다. 그들은 하나님의 존재와 그분의 섭리, 관대하심을 대놓고 부인하기 때문에 노골적인 무신론자와도 같습니다. 그들의 기고만장하고 악한 태도는 세상에서 크게 형통할 때 주로 나타납니다.

교만은 올바른 사고를 멈추게 만들고, 하나님이 아닌 다른 것을 의지하게 합니다. 성경에 이를 구체적으로 보여주는 이야기가 있습니다. 다니엘서를 보면 느부갓네살왕은 자신이 이룬 커다란 업적을 자랑하고 스스로 영광에 도취되어 매우 즐거워합니다. 그는 교만하고 무례한 언사를 서슴지 않는데, 하늘의 왕이신 하나님과 상관없이 자기 힘으로 모든 것을 이룬 것처럼 말합니다. "이 큰 바벨론은 내가 능력과 권세로 건설하여 나의 도성으로 삼고 이것으로 내 위엄의 영광을 나타낸 것이 아니냐"(단 4:30).

에스겔서에 의하면 두로 왕에게도 "네 마음이 교만하여 말하기를 나는 신이라 내가 하나님의 자리 곧 바다 가운데 앉아 있다 하도다 네 마음이 하나님의 마음 같은 체할지라도 너는 사람이요 신이 아니거늘"(겔 28:2)이라는 책망의 말씀이 주어진 것을 볼 수 있습니다. 두로 왕은 자신이 본래 어떤 존재인지를 잊었습니다. 끊임없이 변하는 세상을 사는 연약한 인간임에도 불구하고, 그는 자기 왕국이 영광과 안정을 얻자마자 마치 하나님 나라처럼 절대 무너지지 않을 거라 생각한 것입니다.

크게 부를 누리면 하나님 없이도 살 수 있겠다는 생각이 듭니다. 그래서 거룩함을 지키는 지혜로운 성도는 부를 해로운 올무로 간주합니다. 그들은 "부하게도 마옵시고 … 혹 내가 배불러서 하나님을 모른다 여호와가 누구냐 할까 하오며"(잠 30:8, 9)라고 두려워하며 기도합니다. 겉사람의 마음은 세상에서 성공을 거둘 때 모든 것이 저절로 이루어졌거나 자기의 노력과 계획에 의해 성사되었다고 생각합니다. 이런 태도는 참으로 어리석기 짝이 없습니다. 자신이 누리는 부와 성공이 하나님의 선물이라면, 재물이 눈에 보이듯 하나님도 눈에 보여야 믿겠다고 선언하는 것과 같습니다. 그러나 모든 선한 것은 하나님의 은혜와 자비에서 비롯됩니다. 이 사실을 기억하십시오.

물론 하나님을 무시하는 태도를 말이나 행동으로 직접 드러내는 사람은 많지 않습니다. 하지만 부와 성공을 누리는 죄인들은 대부분 마음속으로 하나님을 인정하기 싫어합니다. 그들은 하나님과 그분의 축복을 기억하거나 감사하지 않고, 그분께 의존해야 한다고 생각하지도 않습니다. 인간의 교만한 습성을 잘 알았던 모세는 이스라엘 백성에게 지혜로운 조언을 잊지 않았습니다. 그들이 훗날 기쁨과 축복의 땅 가나안에 들어갔을 때 "네게 배불리 먹게 하실 때에 너는 조심하여 … 여호와를 잊지 말"라고 미리 당부한 것입니다(신 6:10-12 참조). 이 조언은 형통할 때 하나님을 무시하는 인간의 악한 성향을 염두한 것이었습니다.

물론 모든 선한 축복을 하나님의 은혜로 인정하면서 그럴 듯한 예배와 찬양을 드릴 수도 있습니다. 실제로 마음속에서 가볍게 동의할 수도 있습니다. 그러나 하나님이 값없이 베푸신 은혜에 진심으로 감사하지 않으면 아무 소용이 없습니다.

사도 바울은 "재물에 소망을 두지 말고 … 하나님께 두"(딤전 6:17)라고 당부했습니다. 그러나 인간은 어리석게도 재물이 삶에 필요한 모든 것을 공급해 줄 것이라 믿습니다. 또 자신의 평판과 안전을 영원히 지켜줄 것으로 생각합니다. 그리고 우리의 반석이자 모든 소망과 긍휼의 온전한 근원이신 하나님을 쉽게 무시한 채 잊고 맙니다.

2) 하나님의 은혜를 기억하며 우리가 드릴 수 있는 최고의 사랑을 드려야 합니다.

하나님께서 명령하신 크고 첫째 되는 계명이 무엇입니까? "마음을 다하며 목숨을 다하며 힘을 다하며 뜻을 다하여 주 너의 하나님을 사랑"(눅 10:27)하는 것입니다. 그렇다면 가장 가증스럽고 악한 죄는 무엇입니까? 하나님을 사랑하지 않고, 그분께 무관심한 것입니다. 그분을 무시하고 거절하는 것입니다.

세상에서 부를 얻으면 하나님으로부터 마음이 멀어지기 쉽습니다. 그러나 "주의 인자하심이 생명보다 나으므로"(시 63:3)라는 말씀을 기억하십시오. 그분의 은혜를 깨닫고, 그분의 뜻에 귀 기울일 때 하나님께 최고의 사랑을 드릴 수 있습니다. 그러면 "나의 영혼이 주를 가까이 따르니"(시 63:8)라는 말씀처럼 그분을 간절히 사모하는 마음이 생겨나서 하나님과의 교제를 가장 큰 기쁨과 만족으로 여기게 됩니다.

하나님을 묵상하는 것은 말할 수 없이 귀하고 은혜로운 일입니다(시 119:103, 19:10 참조). 하나님의 은혜가 임하는 거룩한 의식(儀式)을 깊이 존중하십시오. 하나님의 진노를 일으키거나 그분과의 관계를 단절시키는 죄는 가장 커다란 악으로 여기며 증오해야 합니다.

하나님의 위대하심을 보며 묵상하기를 즐거워하는 영혼은 순결한 천사처럼 거룩한 속성을 갖추고 있습니다. 영혼이 육체를 거룩하게 하지 못하면 반대로 육체가 영혼을 더럽히고 속되게 만들 것입니다. 육신을 즐겁게 하는 부와 재물은 우리로 하여금 이 세상으로 만족하게 합니다. 그리고 천국이 따로 필요 없다고 착각하게 만듭니다. 물질의 풍요로 인해 생각이 좁아지고 감정이 오염되면 우리의 영혼은 하나님의 선하심을 알 수도 없고, 맛볼 수도 없습니다(시 34:8 참조).

"쾌락을 사랑하기를 하나님 사랑하는 것보다 더하"는 것은 성화되지 않은 겉사람의 보편적인 특징입니다(딤후 3:2-5 참조). 하나님을 사랑하지 않는 것은 그분을 증오하는 것과 같습니다. 그래서 하나님을 사랑하지 않는 것은 중대한 죄입니다. 인간은 이 점을 거의 의식하지 못하고 아무렇지 않게 여길지 몰라도, 하나님은 그런 태도를 악하게 여기십니다. 하나님을 사랑하지 않음으로써 하나님을 욕되게 만드는, 굉장히 노골적인 불순종과 다를 바 없기 때문입니다. 우리는 무한히 선하신 하나님 안에서만 영원하고 참된 행복을 누릴 수 있습니다. 그분을 거절하는 것은 저주와 징벌을 자초하는 행위가 될 것입니다. 인간에게 있어 하나님과 단절되는 것만큼 끔찍한 일은 없습니다.

3) 하나님의 영광스런 위대함을 생각하고 경외해야 합니다.

부와 성공에 현혹된 어리석은 죄인들은 하나님을 두려워하지 않습니다. 그러나 우리는 하나님의 진노 앞에 겸손히 두려워해야 합니다. 하나님의 영광스런 위대하심을 생각하면 우리는 지극한 경외심을 느낄 수밖에 없습니다. 순결한 천사들조차도 하나님의 보좌 앞에서는 자기 얼굴을 가립니다(사 6:1, 2). 하물며 인간은 어떠해야겠습니까? 우리는 하나님의 정의와 권능을 기억하면서 그분이 진노하시지 않도록 두려워하며 조심해야 합니다.

이 두려움은 영원한 복을 누리며 완전함을 누릴 하늘의 성도들과는 아무런 상관이 없습니다. 그러나 지옥에 있는 저주받은 죄인들은 항상 두려움을 느낍니다. 그들은 더 이상 나빠질 수도 없는 최악의 상태에 처해 있습니다. 천국과 지옥의 중간이라고 할 수 있는 이생을 살아가는 동안 인간이 할 수 있는 가장 적합하고 유익한 일은 바로 하나님을 두려워하는 것입니다.

하나님을 경외하는 것은 "지식의 근본"(잠 1:7)이며 가장 뛰어난 지혜입니다. 지혜는 무엇이 악한 죄인지, 어떻게 하면 악을 초래하는지 미리 아는 것입니다. 그리고 그것을 피하는 효과적인 방법을 선택하고 사용하는 능력입니다. 따라서 최고의 지혜를 지닌다면 가장 큰 위험을 피할 수 있습니다.

죄에서 거룩함으로 돌이키게 만드는 능력은 바로 하나님을 두려워하는 마음에서 비롯됩니다. 하나님은 결코 죄를 묵인하지 않으시고 회개 없는 죄인을 절대로 용납하지 않으십니다. 그분은 죄인들의 무서운 적대자가 되시며 아무리 강한 원수라 해도 단번에 진멸하실 수 있는 능력을 가지셨습니다. 이처럼 거룩하고 공의로우시며 전능하신 하나님을 친구로 삼는 방법이 있습니다. 바로 그분을 경외하는 것입니다.

경외함의 반대편에는 육신의 안일함이 있습니다. 인간을 안일하게 만드는 데 부와 성공만큼 효과적인 것은 없습니다. 세상의 정욕과 육신의 쾌락을 좇는 사람들은 "변하지 아니하며 하나님을 경외하지"(시 55:19) 않기 때문에 위급한 상황에 처하기 전까지는 위험을 의식할 수 없습니다. 아무런 어려움 없이 항상 풍요만을 누리는 사람은 안일해져 하나님 없이 살기 쉽습니다.

온 세상에 질서를 부여하고 빛으로 아름답게 하는 태양을 생각해 보십시오. 그 누구도 아침에 태양이 떠오르지 않을까 의심하며 불안해하지 않습니다. 왜냐하면 태양은 먼 옛날부터 지금까지 항상 동일하게 떠오르고 있기 때문입니다. 태양이 멈춘다는 것은 곧 대자연의 질서가 깨지는 일입니다.

마찬가지로 오랫동안 햇볕과 같은 풍요와 안락을 누리다 보면, 이것이 사라질 것이란 두려움이 없어집니다. 언제까지나 부를 누릴 거라 생각하면서 안일하게 살아갑니다. 그런 사람은 설령 재앙이 있다 해도 먼 훗날에나 있을 거라며 자신과는 상관 없다 여기고 염두에 두지 않습니다. 선지자 에스겔은 다음과 같이 말했습니다. "이스라엘 족속의 말이 그가 보는 묵시는 여러 날 후의 일이라 그가 멀리 있는 때에 대하여 예언하였다 하느니라"(겔 12:27). 그래서 부와 성공을 누리며 사는 죄인은 누구보다 반항적이고 대담하게 불순종을 저지르곤 합니다. 그리고 이것은 우리가 생각해야 할 네 번째 요점과 자연스레 연결됩니다.

4) 최고의 율법수여자이신 하나님을 기억하고 하나님의 뜻에 온전히 순종해야 합니다.

하나님께서는 구원과 멸망의 심판을 내리는 전능자이십니다. 하지만 그분은 우리의 연약함을 불쌍히 여기시고, 우리가 큰 죄를 지었더라도 진심으로 회개하면 기꺼이 용서를 베푸십니다. 인간은 율법을 알지 못하여 죄를 짓기도 하고, 깊은 생각 없이 우발적으로 죄를 짓기도 합니다. 훌륭하다고 일컬어지는 사람도 이런 죄에서 자유롭지 못합니다.

한편 하나님의 계명을 대놓고 무시하며 양심의 가책조차 느끼지 못하는 사악한 죄도 있습니다. 어떤 사람들은 많은 부가 자신을 지켜줄 것이라 생각하며 두려움 없이 죄를 저지릅니다. 그러나 그들은 받은 만큼 책임도 크기 때문에 받아야 할 징계도 그만큼 더 클 것입니다.

하나님께 대한 경외심을 잊은 사람은 아무렇지 않게 율법의 울타리를 부수고 나가 사치와 방탕을 일삼을 수밖에 없습니다. 율법의 울타리에 붙어 있는 가시, 곧 저주의 경고도 아랑곳하지 않고 무슨 죄든지 서슴없이 저지릅니다. 이스라엘 백성들은 "여수룬이 기름지매 발로 찼도다 … 자기를 구원하신 반석을 업신여겼도다"(신 32:15)라는 말씀처럼 풍요로울 때 감사할 줄 모르고 도리어 죄를 지었습니다. 배불리 먹었기에 멍에 메기를 거부하는 짐승처럼 사납고 고집스러워졌습니다. 부를 누리는 죄인은 하나님의 계명을 쉽게 잊고, 마치 자기가 하나님보다 더 강한 것처럼 여기며 전능자를 업신여깁니다. 그는 자신의 형통함을 보고 스스로 안전하다고 생각하며, 마음속으로 "내 마음이 완악하여 … 멸망할지라도 내게는 평안이 있으리라"(신 29:19)라고 말합니다. 하지만 하나님께서는 "이런 자를 사하지 않으실 뿐 아니라 그 위에 여호와의 분노와 질투의 불을 부으"(신 29:20)실 것입니다.

4. 부와 성공은 사탄의 유혹에 쉽게 이끌리게 합니다

교활하고 악한 원수는 무슨 수를 써서라도 사람들을 멸망시키려고 애를 씁니다. 물론 원수의 힘은 파괴적이지만, 그것이 우리 영혼에 즉각적으로 영향을 미치는 것은 아닙니다. 그가 하는 일은 우리 영혼에 유혹의 미끼를 던지는 것입니다. 원수는 우리를 둘러싼 환경과 내면의 감정을 이용합니다. 피조물일 뿐인 이 세상을 이용해 인간을 현혹하고 온갖 거짓말로 속입니다.

사람들을 손에 넣은 원수는 이 세상에 자기 왕국을 건설하고 "이 세상의 신"(고후 4:4)으로 불리게 되었습니다. 이 세상과 겉사람의 육신이 사탄과 협력하는 이유가 여기에 있습니다. 그러나 이것을 기억해야 합니다. 사람들을 악한 죄에 빠뜨리는 가장 유력한 원인은 물론 원수지만, 인간의 의지가 동의하지 않으면 원수는 영혼에 강제로 침입할 수 없습니다. 우리 내면의 동의가 없으면 원수는 유혹을 성사시킬 수 없습니다.

원수는 "불순종의 아들들 가운데서 역사하는 영"(엡 2:1-3)입니다. 불순종의 아들들은 사탄의 유혹에 강한 충동을 느끼고 행동으로 옮깁니다. 그들은 마귀의 올무에 사로잡혔습니다(딤후 2:25, 26 참조). 사냥꾼이 교묘히 친 올무에 걸려 고통스럽게 죽어가는 짐승들과 같습니다. 사탄은 반짝이는 은화로 올무를 놓아 가룟 유다의 탐심을 자극했고, 그리스도를 배신하게 만들었습니다. 부와 재물은 사탄이 치명적인 올무를 만드는 데 가장 즐겨 사용하는 재료입니다. 사탄은 세상의 것들로 행복을 얻을 수 있다는 거짓된 약속과 그럴 듯한 미래를 보여주면서 인간의 영혼을 파멸로 이끄는 능력과 술수가 뛰어납니다. 이 점을 더욱 분명하게 알 수 있도록 몇 가지로 나누어 설명하겠습니다.

인간을 멸망시키는 가장 효과적인 유혹, 쾌락

밭에 씨앗을 뿌린다고 생각해 보십시오. 씨앗은 토양과 서로 잘 맞아야 뿌리를 내리고 열매를 맺는 법입니다. 죄인의 마음은 그에게 맞는 적절한 유혹이 주어질 때 죄의 열매를 맺습니다. "오직 각 사람이 시험을 받는 것은 자기 욕심에 끌려 미혹됨이니 욕심이 잉태한즉 죄를 낳고 죄가 장성한즉 사망을 낳느니라"(약 1:14, 15). 유혹이 정욕을 자극하고, 정욕이 의지의 동의를 얻으면 실제로 죄를 짓게 됩니다. 이런 죄가 반복되면 습관으로 굳어져 결국에는 사망에 이를 것입니다.

사탄의 유혹 가운데는 인간의 부패한 본성조차도 두렵고 끔찍하게 느껴져 가능하면 피하고 싶은 유혹도 있습니다. 그런 유혹 앞에서 인간은 불안과 초조로 크게 망설이다 끝내 무너지고 맙니다. 하지만 인간을 쉽게 무너뜨리는 유혹이 있습니다. 부와 성공이 주는 쾌락을 맛보게 하는 것입니다. 나뭇결과 어긋나게 도끼를 내리치면 장작이 잘 쪼개지지 않지만, 같은 방향으로 내리치면 쉽게 쪼개지듯이 부와 명예, 쾌락은 인간이 매우 좋아하는 것이기에 마귀는 이 결을 따라 유혹의 도끼를 내리칩니다.

쾌락을 주는 유혹은 사탄의 악의를 바로 드러내지 않습니다. 그 가운데 있으면서도 우리는 하나님의 도우심을 구하는 기도를 등한시하기 쉽습니다. 차라리 영혼이 지칠 만큼 거센 유혹이 사납게 밀어닥칠 때는 하나님의 도우심을 구하기 쉽습니다. 일상을 뒤흔드는 유혹 앞에서는 원수에게 단호히 맞서겠다고 거룩한 결단을 내립니다. 그러나 달콤한 쾌락은 인간의 마음에 자연스럽게 침투하여 치명적인 해악을 끼치고, 회복이 불가능할 때까지 그 위험을 의식하지 못하게 만듭니다. 따라서 마귀는 지금 당장 큰 죄를 선택하라고 강요하지 않습니다. 교활한 암시를 던져 인간을 매혹할 뿐입니다. 이 방법이 더 많은 영혼을 파멸시킨다는 걸 사탄은 압니다. 원수는 거짓의 아비이며 속이는 영입니다. 성경은 그의 위장술과 간교한 책략을 경계하라고 경고합니다.

싫증이 나지 않는 다양한 유혹

영혼의 참된 주인이신 하나님과 분리되면서 인간은 온갖 그릇된 욕망을 지니게 되었습니다. 사도 바울은 "우리도 전에는 … 여러 가지 정욕과 행락에 종 노릇 한 자요"(딛 3:3)라고 말했습니다. 하지만 똑같은 유혹을 계속 받으면 더 이상 매혹적으로 느껴지지 않습니다. 세상의 헛된 허영심은 금세 싫증이 나기 때문입니다. 처음에는 황홀한 기쁨을 주는 것 같지만 차츰 역겹고 지루해집니다. 그래서 유혹자 사탄은 물질적인 풍요를 이용합니다. 한 가지 쾌락이 싫증나면 곧바로 다른 쾌락을 제시함으로써 다양한 방법으로 끊임없이 인간을 유혹합니다. 사탄은 세상에서의 부와 성공을 가지고 아주 다양한 유혹을 제시할 수 있습니다.

사탄은 기본적인 재료만으로도 맛 좋고 보기 좋은 요리를 얼마든지 내놓을 수 있는 뛰어난 요리사와 같습니다. 어떤 유혹에 싫증 난 영혼이 있다면 사탄은 그 욕망이 다시 불타오르도록 냉장고에 보관된 쾌락을 훌륭히 요리하여 그 앞에 내놓을 것입니다. 다양한 쾌락으로 유혹해야 인간은 끊임없이 욕망을 느낄 수 있습니다. 쾌락주의자는 다양한 쾌락 앞에서 맥을 쓰지 못합니다.

유혹에 이르는 길, 나태함

부와 성공은 나태함을 낳고, 나태함은 사탄에게 유혹할 기회를 내어줍니다. 영광스러운 왕이었던 솔로몬이 죄를 짓고 파멸에 이른 원인도 나태함 때문이었습니다. 성경은 "네 아우 소돔의 죄악은 이러하니 그와 그의 딸들에게 교만함과 음식물의 풍족함과 태평함이 있음이며"(겔 16:49)라고 말씀합니다.

게으름은 마귀를 돕는 것과 같습니다. 나태한 사람은 원수의 유혹을 거듭니다. '집이 비어 있을 때' 즉 풍요로 나태해졌을 때는 생각이 제 기능을 발휘하지 못하고 평소 조심하던 일에도 느슨해집니다. 이렇게 경계심을 잃으면 원수 마귀가 들어와서 거하기 쉽습니다(마 12:43-45 참조). 나태함은 행복은 물론, 삶 자체를 방해합니다. 산다는 건 곧 행동하는 것입니다. 죽은 듯 가만히 있는 것은 생명이 없는 물체뿐입니다. 생명이 있다는 가장 뚜렷한 증거는 활동성입니다. 생명력이 탁월한 하늘에서는 무생물인 행성들도 계속해서 움직입니다. 인간이 누릴 수 있는 가장 큰 행복은 가장 완전한 생명이신 하나님을 바라며 즐거워할 때 주어집니다. 이것이 인간이 할 수 있는 가장 완전한 행위입니다.

인간은 죄의 본성을 지닙니다. 또 본능적으로 죽음과 불행을 싫어합니다. 죄의 본성은 하나님 안에서 영혼이 영생을 누리는 일에 관심을 두지 않습니다. 나태한 사람은 하나님을 멀리하면서 다른 방법을 통해 생명과 행복을 얻고 싶어합니다. 자연히 따분한 시간 동안 "정욕을 위하여 육신의 일을 도모하"(롬 13:14)게 됩니다. 나태한 가운데 될 수 있는 대로 즐겁게 지내보려고 일탈을 꾀하며 정욕을 만족시키고 죄를 짓는 것입니다.

이러한 불법을 피하고 건강한 삶에 몰두할 때 우리는 두 가지 유익을 얻습니다. 첫째는 하나님이 우리를 보살펴 주신다는 것입니다. 하나님께서는 그분의 명령에 복종하면 우리를 지켜주겠다고 약속하셨습니다(시 121:7). 둘째는 유혹을 미리 방지하거나 물리칠 수 있습니다. 건강하고 성실한 삶에 끊임없이 관심을 기울이면 유혹이 들어올 틈이 생겨나지 않고, 유혹을 당할 빌미도 쉽게 내주지 않게 됩니다.

하나님은 에덴동산에서 죄 지은 인간에게 징계를 내리실 때도 긍휼을 잊지 않으셨습니다. 이마에 땀을 흘려 땅의 열매를 얻게 하신 것은 노동으로 나태함을 이기도록 하신 하나님의 은혜입니다. 그만큼 나태함은 온갖 정욕이 싹트게 만드는 부패의 온상이라 할 수 있습니다.

사탄의 권세 아래 속박됨

부와 성공의 유혹은 인간을 사탄의 먹잇감으로 만들고, 그의 권세 아래 비참하게 속박되도록 만듭니다. 사탄이 인간의 감정을 지배하는 순간, 인간은 그의 노예로 전락합니다(엡 4:8 참조). 인간은 쾌락을 맛보여 주는 사탄의 유혹에 쉽게 이끌립니다. 쾌락 앞에서 인간은 자발적으로 원수의 노예가 되어 살아가며 즐거워합니다. 아테네인들이 에기나 섬을 정복했을 때, 그들은 잔인하고 교활하게도 에기나 섬 포로들의 엄지손가락을 모두 잘랐습니다. 엄지손가락이 없으면 창을 다루지 못해 반란을 일으킬 수 없기 때문입니다. 그렇게 에기나 섬의 사람들은 오직 갤리선의 노만 저을 수 있는 노예가 되었습니다.

사탄도 이런 식으로 자기 노예들을 다룹니다. 인간의 마음이 죄를 즐거워하며 약해진 상태에서는 사탄의 권세에 맞서겠다는 단호하고 거룩한 결단을 내리기 어렵습니다. 이런 사람들은 "하나님의 전신 갑주"를 입을 수 없고, 스스로를 보호할 수도 없습니다(엡 6:10-18 참조). 탐욕의 노예가 된 자들은 사탄이 고된 일을 시켜도 조금도 불평하지 않고, 사슬에 묶인 채 열심히 노를 젓습니다. 부와 성공을 탐하는 일은 원수의 파괴적인 권세 아래 얽매일 가장 큰 위험에 처한 것과 같습니다.

5. 부와 성공의 남용은 많은 사람을 파멸로 이끕니다

부와 성공은 이를 누리는 한 사람뿐 아니라 주위의 다른 사람들에게도 악영향을 줄 수 있습니다. 마음과 행위가 부패한 사람이 부와 권세, 높은 신분까지 갖게 된다면 그것은 만인이 마시는 우물에 독을 탄 것과 다름없는 결과를 낳습니다. 그런 사람은 죽음의 독을 사방팔방으로 실어 나릅니다. 부와 성공, 높은 신분을 얻은 사람이 악한 행위를 하면 그것이 본보기가 되어 해로운 영향을 끼치기 시작합니다. 그의 악행은 그가 정치가로서 제정한 법률보다 더 실제적인 규범이 되어 마구 퍼져나갈 것입니다. 군주의 품행이란 자기 형상과 글귀가 새겨진 화폐만큼이나 널리 퍼지는 법입니다. 화폐가 어설프게 생겼다고 해도 국민들 사이에서 문제없이 자유롭게 유통되는 것처럼, 영향력 있는 사람의 방탕한 악행은 사람들 사이에 여과 없이 퍼져갑니다.

세상에서 부와 성공을 누리는 어리석은 죄인들은 수치심과 두려움이라는 제어장치가 없으면, 정욕이 걷잡을 수 없게 되어 방탕을 일삼을 수밖에 없습니다. 수치심은 자신의 악이 드러나는 걸 불쾌하게 여기는 심리라고 볼 수 있습니다. 악행에는 불명예와 오명이 뒤따릅니다. 그중에서도 사람들에게 알려지면 즉시 큰 창피를 당할 만큼 더러운 악을 불쾌하게 여기는 심리가 수치심입니다. 이런 악은 몸에 배설물이 묻은 것보다 더 수치스럽게 느껴집니다.

대개 높은 지위와 명망을 얻은 사람들이 저지른 악은 비교적 덜 간악해 보입니다. 이것은 시궁창에서 피어오른 수증기가 햇

빛에 반사되어 깨끗하고 아름답게 보이는 이치와 비슷합니다. 그래서 부와 명예를 얻은 사람들의 악행은 그걸 보는 수많은 사람을 그릇된 길로 인도합니다. 허름한 동상에 금박을 입히듯 죄악을 두터운 신망으로 뒤덮고 그럴듯하게 보이도록 만든다면, 그 악행은 의미 깊고 뜻있는 행위처럼 착각되기 쉽습니다. 권력가가 저지른 죄가 너그럽게 용인될 때, 일반인들도 그런 편의와 특권을 기대하면서 더욱 대담하게 악을 저지르기 시작합니다. 징벌을 두려워하지 않는 자들은 죄 또한 두려움 없이 저지르는 법입니다.

부와 명예로 지위가 높아진 사람들은 또한 다른 사람에게 이용당해 부패해지기 쉽습니다. 주변에 모인 천박한 아첨꾼들이 자기 욕망을 이루려고 그들을 도구로 삼기 때문입니다. 아첨꾼은 자기가 빌붙어야 하는 권력자의 정욕을 채워주고, 그들의 농담에 장단을 맞춰줍니다. 그러면서 입에 발린 말로 재물과 특혜를 얻어냅니다. 그들의 아첨은 영향력을 발휘하여 권력자 안의 악한 성향을 부추기고 부도덕한 습관에 빠져들게 만듭니다. 그들은 사탄의 하수인들로서 자기 주변 사람들의 마음속에 지옥 불과 정욕, 광기를 한껏 불어넣습니다.

아첨꾼들은 많아도 참된 친구는 적은 삶. 이것이 부와 성공을 누리는 사람들이 특히 겪기 쉬운 불행입니다. 그들 주변에는 죄의 위험성을 깊이 생각하고 이를 부끄럽게 여길 수 있도록 애정 어린 조언을 주는 친구들이 없습니다. 자아도취에 빠진 사람은 타인은 물론, 자기 자신마저도 올바로 볼 수가 없습니다. 권위자 밑에서 일하는 사람들은 상급자가 믿고 싶은 대로 믿도록 입에 발린 말로 비위를 맞춰줍니다. 실제로 선행의 그림자에 지나지 않는 행동은 한껏 추켜세우고, 악행 그 자체에 대해서는 너그럽게 용인해 주는 것입니다.

세상에서 높은 지위에 있는 사람들은 허울 좋은 미덕으로 죄의 흉악한 본질을 아름답게 꾸미며 자신을 속이기 쉽습니다. 복수심과 거만한 태도는 관대함으로 포장되고 탐욕스런 행위조차 검소하다며 칭송을 받습니다. 음탕한 행위는 품위 아래 감춰지고, 방탕에 불과한 습관들은 멋지고 화끈한 성격으로 묘사됩니다. 그뿐이겠습니까? 그들이 죄 지을 궁리를 할 때 신중하다는 말이 들리고, 잔인함은 용기로 뒤바뀌어 일컬어집니다. 우정이라는 이름의 가면을 쓴 아첨꾼은 누구보다 위험합니다. 독약의 맛을 제거한 독배처럼 추켜세우는 말에 아무런 의심 없이 중독되어 멸망으로 달려갈 수 있기 때문입니다. 이처럼 부와 성공은 인간의 영혼을 매우 위태롭게 만듭니다.

6. 부와 성공은 은혜를 쉽게 무시하도록 만듭니다

하나님께서 허락하신 은혜의 수단은 내적인 것과 외적인 것으로 나뉩니다. 내적인 수단은 성령의 감화와 양심의 질책이고, 외적인 수단은 설교와 충실한 친구들의 조언입니다. 그러나 부와 성공을 누리는 자들의 악과 정욕 앞에서 은혜의 수단들은 참된 효력을 잃고 맙니다.

성령의 영적 감화에 둔감해짐

부와 성공은 죄인이 성령의 감동을 느끼지 못하게 만들고, 그분의 은혜로운 사역을 완강히 거부하게 합니다.

"육체의 소욕은 성령을 거스"(갈 5:17)릅니다. 육신의 정욕이 주도권을 잡고 인간을 지배하면, 우리를 거룩하고 선하게 바꾸시는 성령의 사역이 방해를 받습니다. 육에 속한 자는 성령이 없는 자입니다(유 1:19). 그들은 성령께서 우리 마음에 임하시기를 고집스럽게 거절하고, 그분이 은혜로 일하시려 할 때 기필코 마음을 열지 않습니다.

성령께서는 "능력과 사랑과 절제하는 마음"(딤후 1:7)을 주십니다. 성령께서 죄의 권세를 무너뜨리실 때는 우리 영혼에 거룩한 능력을 허락하셔서 그릇된 욕망을 제어하고 올바른 생각을 하며 주께 복종하도록 이끄십니다. 자유의 영이신 성령 하나님은 우리의 의지를 움직여 하나님의 뜻에 따르게 하십니다. 이를 통해 우리 영혼은 참되고 완전한 자유를 얻을 수 있습니다.

성령께서는 우리 영혼을 돌이켜 하나님을 사랑하고 그분의 완전하심과 아름다우심을 사모하며 참된 만족을 누리게 하십니다. 그 사랑 안에서 우리는 하나님과 교제를 나누고 지식과 기쁨을 얻을 수 있습니다. 또한 하나님을 향한 사랑이 날마다 꽃피고, 그 때 하나님은 우리 영혼 위에 은혜로 임해 주십니다. 따라서 회심하고 죄를 뉘우친 사람은 하나님의 명령을 기꺼이 행하고, 그분이 원하시는 사람이 되려고 즐겁게 노력합니다. 그러나 육에 속한 사람은 원수와 그가 주는 것들, 곧 정욕과 쾌락에 속박되어 참된 자유를 갈망하는 마음조차 잃어버립니다. 그런 사람들은 정욕의 사슬을 끊으라는 성령의 말씀을 듣기 싫어합니다.

육에 속한 사람은 더러운 줄도 모르고 쾌락의 진창에 빠져있기 때문에 하늘을 향해 날아오를 수 없습니다. 따라서 하늘에서 오는 거룩한 위로도 느낄 수가 없습니다. 그러나 성령께서는 '건전한 생각'으로 상황을 진지하게 판단하도록 도와주십니다. 그러면 세상의 헛된 것들이 매력 없게 느껴지고 영원한 진리가 지닌 탁월함이 밝히 보이기 시작합니다. 이렇게 눈이 밝아진 사람은 부지런히 인내하며 성령께서 보이신 선한 것들을 추구합니다.

그러나 정욕에 사로잡힌 마음은 생각을 어둡게 하는 연기를 끊임없이 뿜어내는 용광로와 같습니다. 육에 속한 사람은 이 연기로 눈이 어두워져 고귀하고 위대한 진리를 발견하지 못합니다. 그에게는 불순한 열정만 가득하여 육신의 쾌락을 열심히 따라갑니다. 육신의 정욕은, 영혼을 살리고 생각을 깨우치는 성령의 사역을 방해하고 소멸시키는 가장 효과적인 도구입니다. 세상에서 얻은 부와 성공은 육신의 정욕을 더욱 부추겨서, 하나님의 거룩한 법에 거부감을 갖게 하고 회심을 아주 어렵게 만듭니다.

하나님의 영이신 성령께서는 돌이킬 가능성이 조금도 없어 보이는 습관적인 죄인, 곧 고집스럽게 그분을 거부하는 죄인조차도 은혜와 탁월한 능력으로 회심하게 만드실 수 있습니다. 그분은 돌같이 단단한 마음을 거룩하고 부드럽게 바꾸어 즐거이 순종하게 하십니다. 성령께서는 실패하지 않으시기 때문입니다. 하나님의 은혜는 가장 격렬하게 반항하는 죄인들에게 가장 영광스러운 능력을 나타냅니다.

그러나 성령께서 그 능력을 항상 똑같이 드러내시는 것은 아닙니다. 바람은 힘을 다해 불어오고, 태양은 매일 그 빛을 남김없이 뿌려 하늘을 밝힙니다. 이러한 자연의 힘은 질서에 따라 동일하게 나타나지만, 성령께서는 지성과 의지를 갖추셨기에 그분의 의지와 지혜에 의해 그 능력이 조정됩니다. 하나님께서는 신성의 본질을 거스르는 일들은 행하지 못하십니다. 예를 들어 진리의 하나님께서는 거짓말을 하실 수 없습니다(히 6:17, 18). 그분의 본질적인 신성인 진실하심과 모순되는 일이기 때문입니다. 또한 하나님은 그분의 지혜에 합당하지 않은 일을 하실 수 없습니다.

그분은 타락한 세상을 향해 "나의 영이 영원히 사람과 함께 하지 아니하리니 이는 그들이 육신이 됨이라"(창 6:3)라고 경고하셨습니다. 타락한 사람은 육신의 정욕에 취해 성령의 순수한 감동을 거부하고 가로막기 때문입니다. 예수님께서 고향에 가셨을 때 그곳 사람들의 불신앙 때문에 아무 권능도 행하실 수 없었다는 사실을 기억하십시오(막 6:5). 그들의 불신앙이 예수님의 권능을 감소시켰기 때문이 아니라 그들이 그 축복을 받아들일 준비가 되지 않았기 때문입니다.

건조하고 황량하기 짝이 없는 사막에 씨를 뿌리시겠습니까? 죽은 식물에 물을 주시겠습니까? 약을 입에 넣자마자 뱉어버리는 난폭한 환자에게 값비싼 약을 먹이시겠습니까? 오랜 시간 성령의 감화를 거절한 죄인들에게 더 이상 기회를 베풀지 않는다

해도 부당한 처사는 아닐 것입니다. 성령께서는 온유하고 부드러운 마음으로 그분의 인도를 따라 생명 길로 행하는 자들에게 더욱 크고 강력한 은혜를 내리십니다. 그리하여 그들 안에서 시작된 복된 사역을 완성하십니다. 하나님은 "겸손한 자에게 은혜를 주신다"(약 4:6)고 말씀하셨습니다. 그러나 성령의 은혜와 위로를 귀하게 알고 겸손히 받아들이기는커녕 도리어 멸시하고 끝끝내 거부한다면, 그분이 떠나셔도 아무 할 말이 없을 것입니다.

스데반은 유대인들을 책망하면서 그들의 악한 죄를 정확하게 지적했습니다. 그는 유대인들을 향해 "목이 곧고 마음과 귀에 할례를 받지 못한 사람들아 너희도 너희 조상과 같이 항상 성령을 거스르는도다"(행 7:51)라고 말했습니다. 강퍅한 죄인들은 성령의 권위에 도전하며 그분의 긍휼을 가볍게 여깁니다. 예수님이 내쫓으신 귀신들이 손쉽게 돼지 떼에 들어갔던 것처럼 죄인들은 원수의 유혹이 틈타도록 마음을 열어놓습니다. 그러면서도 성령의 은혜로운 초대에는 완강히 거부하니, 마치 자비로운 군주에게서 벗어나 원수의 노예가 되기로 자처하는 것과 같습니다. 참으로 비참하고 수치스러운 일이 아닐 수 없습니다.

성도가 성령의 은혜를 고의로 무시하고 죄를 지어 그분을 근심하시게 하면 이 죄를 용서받을 길이 없습니다. 사람도 큰 슬픔에

잠기면 자아 속으로 깊이 매몰되어 생기를 잃고, 일반적인 사고력도 잠시 멈추기 마련입니다. 성령께서도 우리의 반역으로 근심하시면 잠시 물러나십니다. 그러면 성령께서 주시는 활력과 밝음이 끝나고 암울한 어둠이 찾아옵니다.

습관적으로 죄를 지으며 방종을 일삼는 죄인들은 성령의 분노를 자극합니다. 그러면 성령께서는 그들을 정욕에 그대로 버려두십니다. 폐병에 걸린 환자가 처음에는 위장이 약해지고 안색이 변하다가 점점 기력을 잃고 회복이 불가능할 정도로 쇠약해지는 것처럼, 성령의 떠나심도 대개 서서히 진행됩니다. 성령의 감화를 거부하다 보면 성령의 은혜가 전보다 적게 느껴지기 시작합니다. 그분의 은혜로운 사역이 날마다 약화되다가 나중에는 완전히 사라지는 것입니다. 성령께 버려진 죄인이 되는 것은 참으로 절망적이고 두려운 일입니다.

이런 영적인 심판은 엄격하고 확실하게 이루어집니다. 성령을 거부하는 죄인의 결말은 영원한 파멸입니다. 왜냐하면 성령의 초자연적인 도우심이 없으면 "다시 새롭게 하여 회개하게 할 수 없"(히 6:4-6)기 때문입니다. 이렇게 되면 하나님과의 화해가 불가능해집니다. 버려진 죄인들은 한동안 육신적인 정욕을 따르고 세상의 일을 좇으며 살다가 호흡이 멎는 순간 곧바로 지옥으로 떨어질 것입니다. 그들은 죄 가운데서 죽었기 때문에 영원히 용서받지 못하는 상태에 머물게 됩니다. 선지자 이사야는 유대인들에 대해 "그들이 반역하여 주의 성령을 근심하게 하였으므로 그가 돌이켜 그들의 대적이 되사 친히 그들을 치셨더니"(사 63:10)라고 말했습니다.

양심의 소리에 둔감해짐

부와 성공은 죄인들이 양심의 소리에 귀를 기울이지 못하도록 방해합니다. 양심은 우리 속에서 실천을 주관하고 있습니다. 양심은 우리에게 악한 것은 제지하고 선한 것은 독려하면서 우리의 선택을 돕습니다. 양심은 자기 행위를 규칙에 비춰보고 그것이 옳은 행위인지 악한 죄인지를 증언해 줍니다. 양심은 우리를 인정할 수도, 정죄할 수도 있습니다.

지혜의 하나님께서는 인간을 창조하실 때 양심이라는 지성의 빛을 허락하시고 거룩한 율법을 지키게 하셨습니다. 우리로 하여금 거룩한 의무를 이행하게 하셨습니다. 인간이 타락한 후 양심은 죄인을 깨우쳐 하나님께 돌이키게 하고, 거룩함에 이르도록 하는 중요한 역할을 담당하게 되었습니다. 양심은 타락한 영혼이 육신에 속하지 않도록 방지하고, 순결한 본성을 회복시켜 하나님과의 친밀감과 본래의 탁월함을 되찾도록 도와줍니다.

하나님의 율법은 우리의 가장 중요한 의무입니다. 성령은 우리를 일으키시는 분입니다. 그러나 우리로 하여금 거룩한 의무를 행하게 하는 원동력은 바로 깨어난 양심입니다. 양심은 영혼의 눈이 어두워지거나 세상의 거짓된 현란함에 매료될 때 냉정하게 질책합니다. 죄로 인해 구원받지 못할 수도 있다는 두려움을 일으켜 방탕한 욕망을 통제합니다. 이러한 양심의 부르짖음을 묵살하면 양심이 제 기능을 하지 못하고 마음이 굳어집니다. 양심이 힘을 잃으면 타락에서 결코 벗어날 수 없습니다. 세상에서 이룬 부와 성공은 육신의 욕망을 더욱 부추기고, 정욕은 양심이 우리 삶을 통제하지 못하게 만듭니다. 하나님께서 심어주신 양심의 빛이 어두워지면 판단력이 흐려져 정욕을 채우는 일에 더욱 이끌릴 것입니다.

육신의 정욕은 무지를 동반하기 마련입니다. 깨어난 양심은 인간의 부패함을 일깨워 이 세상에서부터 슬픔을 맛보게 만듭니다. 양심으로 죄를 깨달으면 죽음 이후를 걱정하게 되기 때문입니다. 이런 경험을 통해 평소 달콤했던 죄가 씁쓸하게 느껴지고, 전처럼 쾌락을 완전히 만끽하지 못하게 됩니다. 예수 그리스도께서는 "악을 행하는 자마다 빛을 미워하여 빛으로 오지 아니하나니 이는 그 행위가 드러날까 함이요"(요 3:20)라고 말씀하셨습니다. 빛으로 온다는 것은 진리의 가르침으로 양심이 깨어난다는 뜻입니다. 양심은 악행을 지적하기 때문에 악한 사람은 빛으로 오려 하지 않습니다.

인간은 본성적으로 어둠을 좋아합니다. 자신의 수치와 죄의 본성을 숨길 수 있기 때문입니다. 진리는 육신의 소욕을 거스르기 때문에 인간은 옳은 길을 따르는 걸 싫어할 뿐더러 무엇이 옳고 선한지 알려고도 하지 않습니다. 사도 베드로는 "말세에 조롱하는 자들이"(벧후 3:3) 올 것이라고 말했습니다. 그들은 심판도 창조주도 존재하지 않는 것처럼 행동합니다. 당연히 세상의 시작과 종말에도 전혀 관심이 없습니다. 그들은 만물이 과거에도 존재했으며 미래에도 똑같은 형태로 지속될 거라 생각합니다. 말세에 이런 무지한 자들이 생기는 까닭은 그들이 사도 베드로가 묘사하는 대로 안일하고, 즐겁고, 자유롭게 "자기의 정욕을 따라 행하"(벧후 3:1-7)는 특성을 지니고 있기 때문입니다.

육신의 정욕은 진리에 대한 탐구를 방해하고 양심의 빛을 가려 판단력을 흐립니다. 영혼과 육체는 서로 밀접한 관계를 맺기 때문에 부패를 전염시킬 수 있습니다. 육신의 죄 때문에 영혼이 지니던 도덕적 원리, 곧 선악을 분별하는 양심이 오염됩니다. 영혼에서 일어나는 죄, 곧 불성실하거나 분별력이 없거나 잘못된 것을 믿거나 나태함에 빠지는 것은 육신에 영향을 미쳐 정욕을 더욱 활발하게 부추깁니다.

사도 바울은 "더럽고 믿지 아니하는 자들에게는 아무 것도 깨끗한 것이 없고 오직 그들의 마음과 양심이 더러운지라"(딛 1:15)고 말했습니다. 생각이 깨끗해지려면 마음이 먼저 정화되어야 합니다. 그러나 마음속에 정욕이 자리 잡고 있다면 그럴 수가 없습니다. 정욕은 판단을 왜곡시켜 온갖 악을 조장하기 때문입니다. 대부분의 경우 양심은 상황을 판단하여 어떻게 행동해야 하는지, 또 무엇을 피해야 할지를 알려줍니다. 그러나 정욕에 오염되면 양심이 아니라 욕망이 이끄는 대로 판단하게 됩니다. 시편 저자는 반역을 일삼던 이스라엘 백성을 묘사하면서 "그들은 마음이 미혹된 백성이라"(시 95:10)고 표현했습니다. 그들은 마음이 미혹되었기 때문에 실패했고 죄를 저질렀습니다. 광야에서 40년 동안 가르쳤던 것도 아무 소용이 없었습니다.

문화를 초월한 보편적인 도덕 기준은 선과 악, 미덕과 악덕을 명백하게 구별합니다. 언젠가는 종말과 심판이 있을 것이라는 믿음도 자연적으로 분별할 수 있습니다. 그러나 더러운 감각에 이끌려 쾌락을 좇는 사람들은 이해력과 판단력 또한 육신에 치우쳐 있습니다. 생각이 오염되면 감정 역시 자연스럽게 오염됩니다. 사고 체계가 왜곡되고 부패하면 마음 또한 어두워집니다. 육신의 일에 관심을 기울이고, "이스라엘에 왕이 없었으므로 사람마다 자기 소견에 옳은 대로 행하였더라"(삿 17:6)라는 말씀처럼 자기가 믿는 대로 행동하게 됩니다. 마치 나중에 심판이 없을 것처럼 사는 것입니다. 이렇듯 인간의 악한 욕망은 무신론을 따르게 되어 있습니다. 양심의 가책을 두려워하지 않는다면 자기 마음대로 살다가 멸망하는 수밖에 없습니다.

이방인들은 자연법을 무시하고, 도덕과 율법을 쉽게 어겼습니다. 그들은 이성적인 피조물인 인간의 가치를 훼손하고, 인간을 그저 정욕에 치우친 짐승으로 전락시켰습니다. 이러한 엄청난 타락이 일어난 이유는 그들의 그릇된 태도 때문이었습니다. 사도 바울은 에베소 신자들에게 이렇게 당부했습니다.

"이제부터 너희는 이방인이 그 마음의 허망한 것으로 행함 같이 행하지 말라 그들의 총명이 어두워지고 그들 가운데 있는 무지함과 그들의 마음이 굳어짐으로 말미암아 하나님의 생명에서 떠나 있도다 그들이 감각 없는 자가 되어 자신을 방탕에 방임하여 모든 더러운 것을 욕심으로 행하되"(엡 4:17-19).

양심이 죽으면 삶은 방탕해집니다. 어쩔 수 없는 이치입니다. 복음의 밝은 빛이 이 땅에 왔지만 칠흑 같은 밤처럼 사는 자들이 얼마나 많습니까? 그들은 우상 숭배에 빠진 사람만큼 강퍅하고 완고합니다. 그들은 무저갱의 입구에 서 있지만 거세게 타오르는 유황불의 냄새를 맡지 못합니다. 정욕의 불길이 양심을 태워 감각을 잃게 만들었기 때문입니다. 사도 베드로는 그런 사람들에 대해 이렇게 말했습니다.

"그러나 이 사람들은 본래 잡혀 죽기 위하여 난 이성 없는 짐승 같아서 그 알지 못하는 것을 비방하고 그들의 멸망 가운데서 멸망을 당하며 불의의 값으로 불의를 당하며 낮에 즐기고 노는 것을 기쁘게 여기는 자들이니 점과 흠이라 너희와 함께 연회할 때에 그들의 속임수로 즐기고 놀며"(벧후 2:12, 13).

그들은 이성의 명령과 통제를 모두 거절했습니다. 수치심을 잃어버린 그들은 그릇되고 천박한 논리를 내세우고 터무니없는 행동을 당당하게 보여줍니다. 또 자신의 흉악한 마음을 어떻게든 아름답게 보이도록 만듭니다.

죄인은 생각이 미혹될 때 가장 회심하기 어렵습니다. 악한 것에 이끌릴 때 이성이 옳지 않다고 판단한다면 아직 돌이킬 수 없을 만큼 완전히 타락하지는 않았다는 뜻입니다. 양심이 깨어나 다시 선한 의무를 행하도록 우리를 이끌 것이기 때문입니다. 그러나 생각이 죄에 넘어가면 육신이 주도권을 잡고 인간으로 하여금 마음껏 부패하고 사악하고 방탕한 행동을 하도록 만듭니다. 예수 그리스도는 "네게 있는 빛이 어두우면 그 어둠이 얼마나 더하겠느냐"(마 6:22, 23)라고 말씀하셨습니다. 생각이 정욕에 사로잡히면 무질서하고 파괴적인 행위가 뒤따릅니다. "소금이 그 맛을 잃으면 무엇으로 이를 짜게 하리요"(막 9:50)라는 말씀처럼, 영혼이 부패되지 않도록 쾌락을 경계하는 양심이 그 능력을 잃는다면 무엇으로 다시 회복될 수 있겠습니까?

양심의 명령을 막는 육신의 정욕

양심은 우리에게 옳고 선한 일을 행하라고 가르쳐 줍니다. 그러나 육신의 정욕은 양심의 명령이 삶에 영향을 미치지 못하도록 억누릅니다. 그리스도인의 양심은 하나님의 계명에 스스로의 잘못을 비춰보게 하여 죄를 깨닫도록 도와줍니다. 그런데 이러한 양심의 선한 활동을 무시하고 방해하는 요소가 있습니다. 그 두 가지를 알아보겠습니다.

첫째, 깨어난 양심이 명령을 내려도 육신의 정욕은 듣지 않습니다. 한 철학자는 하나님 없이 쾌락을 추구하는 사람들을 살펴보면서 그들이 이성적 사고를 하지 않는 것을 발견했습니다. 이는 이성을 통한 깨달음이 절대적으로 하나님께로부터 오는 것임을 분명히 알려줍니다. 사람들은 이성적으로 판단하여 행동해야 한다는 걸 대부분 인정하지만, 이를 실천에 옮기려고 애쓰지는 않습니다. 의지가 부패한 사람은 정욕의 이끌림을 거절하지 못하고, 쾌락을 향한 욕망을 억제할 수 없습니다. 생각이 감각의 지배를 받고 쾌락을 추구하기 시작하면 하나님의 말씀을 깊이 생각할 수 없어지고, 양심은 격정적인 욕망 앞에 힘을 잃습니다.

인간은 하나님을 닮아가고 그분의 사랑을 누릴 때 행복한 결말을 맺습니다. 그러나 육신에 속한 자는 하나님의 은혜와 세상의 쾌락이 서로 대립하는 걸 보면서도 이성의 판단을 무시합니다. 당장에 만족을 주는 감각적인 쾌락만을 맹목적으로 갈망합니다.

사도 바울은 이방인들이 "불의로 진리를 막는"(롬 1:18)다고 말했습니다. 하나님의 창조물인 인간의 양심에는 하나님만이 참된 왕이시며 그분께 온전히 순종해야 한다는 개념이 각인되어 있습니다. 이 자연적인 진리가 인간의 마음과 삶을 지배해야 하지만, 죄인들은 양심이 자신을 지배하도록 내버려두지 않습니다. 범람

한 나일 강가에 몸이 절반쯤만 남은 채 죽어 널브러진 생명체들처럼 불의하고 경건치 못한 사람들의 생각은 절반만 인간이고 나머지는 부패하여 흉측합니다. 이러한 괴물 같은 자들이 기독교 공동체 안에도 적지 않을 것입니다.

둘째, 부와 성공을 누리는 죄인은 양심의 지시를 무시합니다. 만일 양심이 어느 정도 살아있다면 열심히 죄를 책망하고, 결과를 낱낱이 드러내는 등 그 기능을 충실히 수행할 것입니다. 그러나 부를 누리는 죄인들은 자신의 가슴이 말하는 진지한 조언을 귀담아 듣지 않습니다(시 50:21). 미가야 선지자의 경고를 고집스럽게 거부한 아합왕처럼 "그는 내게 대하여 길한 일은 예언하지 아니하고 흉한 일만 예언"(왕상 22:8)한다고 투덜거립니다.

세상의 부와 높은 지위는 죄인으로 하여금 양심의 소리를 묵살하여 곁길로 치우치게 만듭니다. 그리하여 늘 죄의 상태에 머무르게 합니다. 선지자 예레미야는 "내가 귀를 기울여 들은즉 그들이 정직을 말하지 아니하며 그들의 악을 뉘우쳐서 내가 행한 것이 무엇인고 말하는 자가 없고"(렘 8:6)라고 말했습니다. 양심을 무시하고 자기 악한 행위를 돌아보지 않는 일은 참으로 수치스럽고 비열한 태도입니다. 영혼을 더럽히고 천박하게 만들고, 지극히 영광스러운 위엄과 권능을 지니신 하나님의 눈에 심히 거슬리는 행동입니다.

　죄를 보면 양심이 소리를 내고 욕망이 잦아들어 본연의 의무로 돌아가야 마땅합니다. 그러나 죄인들은 삶이 형통하다 싶으면 죄의 길을 고집합니다. 그들은 "**전쟁터로 향하여 달리는 말 같이 각각 그 길로**"(렘 8:6) 행합니다. 전쟁터는 온갖 위험과 소음이 가득합니다. 그 분위기에 흥분한 말은 자기가 죽는 줄도 모르고 정신없이 돌진합니다. 이처럼 죄인도 매혹적인 것들에 이끌려 진지한 사고를 그만둔 채 눈앞의 위험을 보지 못하고 멸망을 향해 돌진합니다. 정욕에 이끌리면 아무 생각 없는 짐승처럼 맹목적으로 질주하게 되는 것입니다. 죄가 얼마나 슬프고 위험한지 진지하게 생각해야만 회심할 수 있습니다. 그러나 부를 누리는 죄인은 이런 생각을 매우 싫어합니다.

7. 부와 성공은 죄인의 회심을 방해합니다

　죄인을 회심으로 이끄는 두 가지 외적 수단이 있습니다. 바로 복음에 대한 설교와 개인적인 권면입니다. 그런데 죄인이 부와 성공을 누리는 경우 두 가지 다 큰 효력을 발휘하지 못할 때가 많습니다. 이 두 가지 수단에 대해 더 자세히 설명하겠습니다.

첫째, 복음은 "모든 믿는 자에게 구원을 주시는 하나님의 능력"(롬 1:16)입니다. 하나님은 복음에 대한 설교를 회심의 일반적인 수단으로 정하셨습니다. 물론 하나님은 우리의 생각을 직접적으로 조명해 우리를 죄의 길에서 돌이키게 하실 수 있습니다. 그러나 참으로 선하신 그분은 인간의 사역을 통해 온 세상에 진리와 생명의 말씀을 전하십니다. 기적적인 사건으로 인간의 마음을 변화시키실 수 있지만, 인간에게 지성과 판단력을 주신 하나님은 우리가 들음으로 영혼에 영향을 미치고, 의지로 자유롭게 선택하게 하십니다. 그래서 하나님은 죄인의 회심을 위해 인간의 입술로 복음을 선포하게 하십니다. 인간의 이성적인 본성에 적합한 방법을 통해 하나님의 은혜를 나타내시는 것입니다.

하나님의 말씀을 전하는 자들은 세상의 빛이라 불립니다. 세상 사람들에게 죄로 멸망할 위험에 처했음을 일깨워주고, 영원한 평안을 누리는 법을 알려주기 때문입니다. 그런데 복음을 전하는 자들의 발이 미치기 어려운 곳도 있습니다. 테르툴리아누스는 스키타이라는 매우 춥고 건조한 황량한 땅에 대해 말한 바 있습니다. 그곳의 사람들은 사납고 잔인하기로 유명하고, 그들의 지도자는 진리가 아닌 것을 가르친다고 합니다. 이들의 마음은 죄에 단단히 속박되었기 때문에 그 마음이 녹아내려 회개의 눈물을 흘리는 일은 기대하기 어려울 것입니다. 거룩한 열정은커 녕 오로지 짐승 같은 정욕만이 가득할 것입니다. 하지만 복되신 구세주께서는 거룩한 사역을 이루시며 복음을 듣지 못한 이들, 곧 인류의 남은 자들을 구원하고 계십니다. 죄인들이 죄를 뉘우치고 하나님과 화해하도록 복음의 전달자들이 세계 곳곳에서 충성스럽게 사역하고 있습니다. 하지만 부와 성공을 누리는 죄인들에게는 복음의 거룩하게 하는 능력이 힘을 발휘하기가 매우 어렵습니다. 그 이유를 몇 가지로 나누어 살펴보겠습니다.

교만이라는 방해꾼

부와 성공에는 교만이라는 악이 뒤따라옵니다. 세상에서 부를 쌓고 높은 지위를 누리는 죄인들은 그들의 교만으로 인해 복음을 전해도 듣지 않습니다. 그들은 하나님의 말씀을 전하는 자를 향해 "네가 여호와의 이름으로 우리에게 하는 말을 우리가 듣지 아니하고 우리 입에서 낸 모든 말을 반드시 실행"(렘 44:16, 17)할 것이라고 말합니다. 그들은 하나님의 말씀이 지닌 거룩하고 엄격한 기준을 불편하게 느끼고 완강히 거부합니다.

하나님의 충직한 설교자가 나타나 영혼의 내면이 얼마나 더러운지 알려주면 그들은 오만한 본성을 드러내며 대적합니다. 거룩함과 경건함을 좇으라는 설교자의 권고하는 소리를 비웃으며 멸시합니다. 세상에서 부를 쌓고 높은 자리에 오르면, 사랑과 존경으로 대해야 할 영적 지도자를 무시하게 됩니다. 자기에게 쓴소리를 하는 사람의 인격과 직임은 더 이상 중요하지 않습니다. 그들은 자신이 이해하지 못하는 말은 비난하고, 자기를 향한 책망은 받아들이지 않습니다. 이런 죄인들은 책망하는 설교를 들으면 맹렬한 비난으로 맞섭니다. 그 설교로 곤란을 당하지 않으려는 것입니다.

바리새인들은 높은 지위의 유대인으로 교만한 냉소주의자들이었습니다. 이런 사람들이 복음에 복종할 수 있었겠습니까? 그들은 예수님이 기적을 베푸시고 생명의 말씀을 들려주셔도 조금도 변화되지 않았습니다. 그저 "모든 것을 듣고 비웃"(눅 16:14)었을 뿐입니다. 이처럼 강퍅한 사람들은 스스로 생각이 바뀌어 교만과 고집을 내버리지 않는 이상 주님께 복종하려 하지 않을 것입니다(슥 2:11 참조).

"그러므로 모든 더러운 것과 넘치는 악을 내버리고 너희 영혼을 능히 구원할 바 마음에 심어진 말씀을 온유함으로 받으라"(약 1:21). 이 말씀처럼 복음을 듣고 구원을 얻으려면 온유한 마음이 반드시 필요합니다. 하나님의 은혜를 갈망하고 이를 위해 열정을 기울이는 자세가 있어야 그 은혜를 충만히 받을 수 있습니다. 하나님은 "주리는 자를 좋은 것으로 배불리"(눅 1:53) 먹이십니다. 그러나 세상에서 부를 누리는 죄인은 이미 많은 것이 채워졌기 때문에 영적인 필요에 무감각합니다. 설령 필요를 느낀다 해도 그것을 겸손히 인정하려 하지 않습니다. 이런 사람이 풍성한 은혜를 누릴 가능성은 매우 적을 것입니다.

믿지 못하게 방해함

죄를 지었는데도 삶이 형통하면 신앙이 흔들리기 마련입니다. "그 말씀이 그들에게 유익하지 못한 것은 듣는 자가 믿음과 결부시키지 아니함이라"(히 4:2). 이 말씀처럼 아무리 복음에 능력이 있어도 이를 믿지 않으면 어떤 효력도 나타나지 않습니다. 하나님의 말씀을 믿어야 그 말씀에 순종할 수 있습니다. 믿음이 없으면 좋은 동기를 가지고도 이렇다 할 결과를 내기 어렵습니다. 이 세상이 끝이 아니며 영원한 나라가 있다는 걸 조금도 의식하지 못하는 사람이 있다고 합시다. 온 열정을 기울여 이성적으로 납득할 만한 증거를 진지하게 제시했지만 그는 여전히 어둠에 사로잡혀 알아듣지 못합니다. 마치 혼수상태에 빠진 사람에게 가장 아름다운 음악을 들려주는 것과 같습니다. 죄악의 단맛에 취한 사람은 천국의 기쁨과 영광이 감동적으로 전달되어도 아무 감흥을 느끼지 못합니다. 그런 사람을 자극하는 방법은 피를 보게 하거나 불을 지피는 등 극단적인 것들뿐입니다.

영원하신 왕 하나님께서는 머지않아 세상을 심판하기 위해 무서운 위엄으로 임하시고, 주께서 베푸신 은혜를 멸시했던 죄를 물으실 것입니다. 죄인들은 이런 경고를 들어도 마치 제사장들이 가룟 유다에게 "그것이 우리에게 무슨 상관이냐 네가 당하라" (마 27:3, 4)고 했던 것처럼 무책임하게 말합니다.

청각 장애가 있으면 천둥소리라도 듣지 못하고, 시각 장애가 있으면 번개라도 보지 못합니다. 죄인들도 이와 같아서 심판에 대해 경고를 들어도 아무런 영향을 받지 못합니다. 율법의 경고와 복음을 무시하지 말라고 권고하기도 하고, 책망하기도 하고, 은혜를 약속하며 간절히 설득해도 강퍅한 죄인들은 방탕한 죄를 멈추지 않습니다. 영원한 심판이 임하면 거룩한 삶에는 보상이, 악한 삶에는 무서운 보응이 있을 것이라 경고해도 터무니없는 소리라며 무시할 것입니다. 그들은 하나님의 말씀을 전하는 소리를 다 지어낸 거짓말이라 생각합니다. 그러나 믿지 못하면 확실한 미래를 보지 못합니다. 세상에서 부를 쌓고 누리는 죄인들은 훗날 자신에게 어떤 일이 벌어질지 전혀 모릅니다.

진리를 보지 못하게 방해함

날카로운 진리의 빛이 마음의 깊고 어두운 곳을 꿰뚫어도 부와 성공을 누리는 죄인들에게는 곧 그 빛이 약해져 큰 힘을 발휘하지 못합니다. 그들은 잠시 두려움을 느낄지는 몰라도 "빛의 갑옷"(롬 13:12)에 정복되지 않습니다. 말씀을 피해 세상을 은신처 삼아 숨어있기 때문입니다.

육신의 정욕은 언제나 양심이 깨어나지 않기를 바랍니다. 그래서 오직 감각을 자극하는 것에만 몰두하도록 유도합니다. 정욕이 빚어낸 헛된 공상은 생각을 산만하게 만듭니다. 부와 성공을 누리는 죄인들은 자신이 영원할 거란 망상에 빠져있기 때문에 진짜 영원한 심판에 대해서는 진지하게 생각하지 않습니다.

인간의 마음은 결코 쉽게 변화되지 않습니다. 행동은 잠시 멈추거나 참을 수 있지만 세상을 사랑하는 성향, 즉 인간의 마음을 지배하는 본성은 정화되기 어렵습니다. 매 순간 하나님의 말씀을 깊이, 성실히 묵상하여 말씀의 능력이 나타나야만 하늘의 기준을 추구할 수 있습니다. 예수님은 "사람이 만일 온 천하를 얻고도 제 목숨을 잃으면 무엇이 유익하"(마 16:26)겠느냐고 말씀하셨습니다. 하지만 이 말씀을 듣고도 자신이 얼마나 어리석은지, 얼마나 헛된 것에 사로잡혔는지 깨닫는 사람은 많지 않습니다.

죄인을 회심으로 이끄는 두 번째 수단은 이웃의 애정 어린 권고입니다. 성경은 "너는 네 형제를 마음으로 미워하지 말며 네 이웃을 반드시 견책하라"(레 19:17)고 밝혔습니다. 권위 있는 자나 선의를 지닌 이웃이라면 죄인을 개인적으로 찾아가 죄의 무서운 결과에 대해 경고해야 한다는 것입니다. 이 의무를 져버리는 것은 그를 증오하는 일과 마찬가지입니다.

사랑을 바탕으로 신중하고 온유하게 서로 권고할 때 큰 유익이 있습니다. 설교자가 선포하는 하나님의 말씀은 많은 사람을 상대로 하기 때문에 각각의 사람들에게 구체적으로 적용되기 어렵습니다. 설교를 통해 전해들은 진리를 삶에 맞게 적용하는 일은 각 개인이 지닌 양심의 몫입니다. 양심이 그 기능을 다하지 못할 경우에는 영적 권위자나 가까운 친구의 개인적인 권고가 필요합니다. 그렇기 때문에 주변에 충직한 친구가 없는 사람은 참으로 불행하다고 할 수 있습니다(전 4:9, 10). 죄에 빠지지 않도록 도와주거나 죄의 올무로부터 끌어내줄 사람이 없기 때문입니다.

어린아이가 구덩이에 빠지려고 하면 그 아버지는 아이를 붙잡으면서 이곳은 위험하다고 말해줍니다. 우리에게는 사랑으로 권면해줄 조력자가 필요합니다. 그러나 애정 어린 조언을 듣는다 해도 겸손하게 감사함으로 받아들이지 않는다면 아무 영향도 나타나지 않습니다. 이런 관점에서 보면, 부를 쌓고 높은 지위에 오른 죄인은 개인적인 권고를 듣고 유익을 누리기 어려울 것입니다. 거룩한 권고를 들은 자는 자기 영혼이 깨끗해지도록 스스로 도와야 하지만, 그들은 조언 듣기를 싫어하고 무시하여 아무 소용없는 일로 만듭니다.

그들에게 죄악과 장차 다가올 심판에 대해 진지하게 권고해 보십시오. 그들은 왜 이렇게 남을 비난하느냐 말하며 비웃고 불편한 기색을 드러낼 것입니다. 충직한 친구가 그들을 더러운 죄악에서 끌어내려 애써 보지만, 그들은 그 친구에게도 비난과 분노로 맞설 것입니다. 잠언을 쓴 지혜자는 인간과 세상을 유심히 관찰하며, 부와 성공을 누리는 죄인들의 행태를 지적한 바 있습니다. 그들은 자기 재물과 권력을 믿고 경솔하게 방탕을 일삼다가 나중에 힘든 상황에 부딪치고 나서야 비로소 슬퍼하며 후회한다는 것입니다.

"두렵건대 마지막에 이르러 네 몸, 네 육체가 쇠약할 때에 네가 한탄하여 말하기를 내가 어찌하여 훈계를 싫어하며 내 마음이 꾸지람을 가벼이 여기고 내 선생의 목소리를 청종하지 아니하며 나를 가르치는 이에게 귀를 기울이지 아니하였던고"(잠 5:11-13).

세상에서 부와 성공을 누리는 죄인들의 삶은 그 끝이 대개 비슷할 것입니다. 그럼에도 그들은 사는 날 동안 죄 짓기를 그만두라는 책망, 의를 행하라는 권고 모두를 못마땅하게 여기고 못 들은 척하거나 증오심을 드러냅니다.

결론부터 말하자면, 죄인들은 극심한 고통을 겪기 전까지는 죄를 향한 어리석은 고집을 결코 꺾지 않습니다. 그들은 자기가 저지른 죄의 열매와 재앙을 직접 경험하고 나서야 비로소 죄가 얼마나 무서운 것인지 깨닫습니다. 이처럼 고난은 굳어버린 마음을 길들여서 부드럽고 겸손하게 만듭니다. 큰 영화를 누렸던 바로 왕은 한껏 교만을 부리며 모세에게 "여호와가 누구이기에 내가 그의 목소리를 듣고 이스라엘을 보내겠느냐"(출 5:2)고 말했습니다. 이렇게 하나님을 대놓고 무시했던 바로 왕조차도 큰 고난을 당하자 겸손히 은혜를 간구했습니다. "바로가 사람을 보내어 모세와 아론을 불러 그들에게 이르되 이번은 내가 범죄하였노라 여호와는 의로우시고 나와 나의 백성은 악하도다 여호와께 구하여 이 우렛소리와 우박을 그만 그치게 하라"(출 9:27, 28).

선지자 예레미야는 죄인들의 정욕을 이렇게 생생히 표현했습니다. "너는 광야에 익숙한 들암나귀들이 그들의 성욕이 일어나므로 헐떡거림 같았도다 그 발정기에 누가 그것을 막으리요"(렘 2:24).

하지만 이때만큼 들암나귀를 사냥하기 좋은 시기도 없습니다. "그것을 찾는 것들이 수고하지 아니하고 그 발정기에 만나리라" (렘 2:24)는 말씀대로 들암나귀는 평소에는 잡기가 어렵지만, 발정기가 되면 미친 듯이 돌아다니다가 지쳐 움직임이 둔해집니다. 바로 이때 쉽게 잡아서 길들이면 됩니다. 부와 명예를 쌓은 죄인이 정욕을 좇는 그 열정은 양심이나 선생의 가르침으로도 막기 어렵습니다. 하지만 그들이 고난을 만나면 정욕을 따라 달리던 것을 멈추고 주의 말씀을 따를 것입니다.

8. 그리스도를 위해 받는 고난이 싫어집니다

기독교에서는 그리스도의 영광을 가리고 그분을 섬기지 못하게 방해하는 것은 무엇이든 버려야 한다고 말합니다. 이 세상이 주는 즐거움과 쾌락, 위로는 물론이고 심지어는 자아까지도 버리라고 말입니다. 예수 그리스도께서는 "누구든지 나를 따라오려거든 자기를 부인하고 자기 십자가를 지고 나를 따를 것이니라"(마 16:24)고 말씀하셨습니다. 이 말씀에서 십자가는 신자가 겪을 수 있는 모든 종류의 고난을 가리킵니다. 크고 작은 어려움은 물론 수치와 고통, 죽음까지 모두 포함합니다. 그리스도께서 먼저 고난받으심으로 우리가 영생을 누린다는 사실을 믿는다면, 그분의 영광을 위해 기꺼이 고난을 감수해야 마땅합니다. 하지만 재물을 쌓고 높은 신분을 가진 죄인은 주를 따르라는 부르심을 달갑지 않게 생각합니다.

복음이 처음 전파되었을 때, 사람들은 그리스도의 십자가에 거리낌을 느꼈습니다(고전 1:23). 이미 죽은 사람이 어떻게 영생을 베풀고, 나약하게 고난당한 사람이 어떻게 가장 큰 영광을 선사하겠느냐며 그것을 믿는 건 어리석은 일이라 여겼습니다. 영적인 눈이 열리지 못한 그들은 그리스도의 고난과 죽으심에만 초점을 맞출 뿐 그분의 실체를 알아보지 못했습니다.

세상 사람들이 볼 때 예수 그리스도께서 친히 못 박히신 십자가보다 더 마음에 걸리는 것이 있습니다. 바로 그리스도를 따르는 제자들이 감당해야 할 십자가입니다(갈 5:11). 그리스도의 고난만으로 저절로 영광이 주어지지는 않습니다. 받아들이기 어렵겠지만 우리 자신이 그 고난을 감당해야 주의 영광에 참여할 수 있습니다. 그런데 우리는 자신이 짊어질 고난은 외면하고 그리스도께서 당하신 고난에만 초점을 맞춥니다.

처음에 우리는 편견과 그릇된 생각 때문에 이 위대한 신비를 바로 이해하지 못할 수 있습니다. 그러나 어느 순간 세상 사람들이 열광하는 이생의 자랑과 쾌락을 전부 버려야 한다는 사실을 깨닫게 될 것입니다. 많은 사람들이 믿음을 저버리는 가장 큰 이유가 여기 있습니다. 육신을 따르는 일이 즐겁고, 세상의 쾌락이 매혹적으로 느껴지면 믿음을 지킬 수가 없습니다. 믿음에는 희생과 포기가 뒤따르기 마련입니다. 세상에서 부를 쌓은 사람들은 가진 것이 많기 때문에 버릴 것도 많습니다. 그래서 그들은 모든 걸 버리고 그리스도를 따르기를 두려워합니다. 이에 대해 좀 더 알아보겠습니다.

고난이 싫은 이유 1. 의지력 약화와 무기력

인생의 쾌락과 즐거움에 빠져 살면 정신의 기개와 활력이 약화되고 의지력이 약해져 고난이 닥쳤을 때 무기력한 상태에 빠지게 됩니다. 의롭고 지혜로우며 고결한 것에 가치를 두는 사람은 심한 어려움도 능히 견딜 수 있습니다. 하지만 두려움에 사로잡힌 정신은 그 타고난 힘을 잃고 고난 앞에서 무기력함과 두려움을 드러낼 수밖에 없습니다. 마치 의식하지 못하는 사이에 느닷없이 찾아와 신경을 약화시키고 관절을 무기력하게 만드는 중풍과도 같습니다. 풍랑이 이는 바다에 있는데 배의 노를 한 번만 저으면 해안에 도착할 수 있다고 합시다. 모두들 힘껏 물살을 헤치고 나아가는데, 풍랑이 무섭다며 노를 놓고 주저앉아 있겠습니까? 두려움에 사로잡힌 사람은 그와 같아서 위험을 조금만 느껴도 쉽게 나약해지고 의지를 잃어버립니다.

복음을 믿고 받아들이면 고난이 뒤따르기 마련입니다. 그러나 심약한 사람은 고난 앞에서 쉽게 하나님과 자신의 영혼과 진리를 저버립니다. 하나님을 섬기는 자들은 그분의 복음과 영광을 위해 기쁘게 고난을 감당해야 합니다. 그분으로 인한 고난을 거절하는 것은 곧 하나님을 저버리는 일과 같습니다.

불신앙은 하나님을 낮은 수준의 관점으로 보는 것에서 비롯됩니다. 그리스도인들의 고난에 대해 비뚤어진 관점을 가진 사람은 하나님이 고난받는 종들에게 무관심하시다고 여기거나, 죽기까지 충성한 자들에게 상을 베푸시지도 않고 그들의 충성과 인내를 인정하시지도 않을 거라 생각합니다. 또한 그들은 영원히 죽지 않는 영혼의 안위보다 죽어 없어질 육신의 행복을 더 좋아하며 자신의 영혼을 배신합니다. 그릇된 의심으로 진리를 외면하기도 합니다.

그러나 고난을 감당하면 자기 믿음을 확증해 보일 수 있기 때문에 다른 사람들의 신념과 감정에 영향을 미치고, 복음을 효과적으로 전할 수 있습니다. 어려움이 닥쳤다고 해서 믿음을 부인하거나 증언을 회피하면 다른 사람들은 그 모습을 보며 이렇게 생각할 것입니다. '그리스도인들은 고난을 이겨낼 만큼 믿음을 가치 있게 여기지는 않는구나.' 고난 앞에서 믿음을 저버리는 사람은 복음을 왜곡시키거나 무가치하게 만들어 버립니다.

하나님의 아들을 또다시 배신하고 스스로의 양심과 믿음을 저버리는 사람이 얼마나 많습니까? 세상에서 형통할 때 생겨난 믿음의 불꽃은, 고난이 찾아오면 차가운 숯덩이처럼 변해 거룩한 빛과 열기를 모두 잃어버립니다. 그리고 이내 불신앙과 두려움의 하얀 잿더미에 뒤덮여 흔적도 없이 사라지고 맙니다.

고난이 싫은 이유 2. 안일함에 취한 부주의한 삶

세상에서 부와 성공을 누리다 보면 장차 닥칠 재앙을 생각하지 않고 부주의한 삶을 살게 됩니다. 시편 저자의 말처럼 "내가 형통할 때에 말하기를 영원히 흔들리지 아니하리라"(시 30:6)고 생각합니다. 형통할 때에 누리는 육신적인 기쁨은 어리석음과 단짝을 이룹니다. 그리고 이 안락하고 평화로운 삶이 결코 깨지지 않을 것이라며 속삭입니다. 세상에서 부를 누리는 죄인들은 고난에 대해 무관심하고 소홀합니다. 그래서 고난을 감당할 준비가 전혀 되어 있지 못합니다. 형통할 때도 매사에 신중해야 고난이 닥쳤을 때 용기를 잃지 않을 수 있습니다. 나에게는 불행이 닥치지 않을 거라 안심하고 있다가 어느 날 갑자기 고난을 당하면 훨씬 더 크게 당황할 수밖에 없습니다. 심판은 이런 안일함에 취한 세상에 갑작스레 내리칠 것입니다. 그 마지막 날이 되면 무서운 번갯불과 같은 심판에 세상은 깜짝 놀랄 것입니다.

그래서 주님은 고난을 예고하셨습니다. 복음은 거짓에 의해 박해를 당하고 많은 진리가 핍박을 당할 거라 말씀하셨습니다. 그분은 제자들에게 기초만 놓고 공사를 마치지 못하는 어리석은 사람이 되어 비웃음을 당하지 말라고 하셨습니다. 공사를 시작하기에 앞서 비용을 꼼꼼히 따져보는 지혜로운 건축가를 닮으라고 당부하신 것입니다. 그리스도인들은 믿음 때문에 해를 입고 고난을 당할 수도 있다는 것을 미리 생각해야 합니다. 그렇지 않으면 고난이 닥쳤을 때 부끄럽게도 믿음을 저버릴 수밖에 없을 것입니다. 믿음을 저버린 자들이 당할 운명은 얼마나 가혹하겠습니까? "두려워하는 자들과 믿지 아니하는 자들과 흉악한 자들과 살인자들과 음행하는 자들과 점술가들과 우상 숭배자들과 거짓말하는 모든 자들은 불과 유황으로 타는 못에 던져지리니"(계 21:8). 세상 사람들의 비웃음을 겁내는 자, 믿음을 공개적으로 부인하는 자, 진리 아닌 것을 믿는 자들의 결과가 이와 같습니다.

고난이 싫은 이유 3. 정직한 믿음과 거룩한 사랑의 약화

그리스도인들은 정직한 믿음과 사랑을 통해 그리스도를 위해 고난받을 용기를 얻습니다. 그런데 세상에서 쌓은 부와 성공은 이 믿음과 사랑이 자라지 못하도록 막아버립니다. 진리를 포기하고 자신이 쌓은 부와 명성을 의지하게 합니다. 자연의 원리를 보면 물질을 형성하는 중요한 인자가 있어서 그것이 개체의 정체성을 결정하고, 어떤 자극에 어떤 반응을 할지 물질이 작용하는 원칙들을 만듭니다. 영혼의 원리 또한 마찬가지입니다. 우리 행동을 이끌어내는 이치가 육적인지 영적인지 그 원칙에 따라 우리의 영혼이 결정됩니다.

육신에 속한 사람이 흔히 따르는 원리는 '이 세상에서의 행복'입니다. 따라서 그들의 시선과 욕망은 언제나 육신의 만족에만 집중합니다. 그들은 "우리에게 선을 보일 자 누구뇨"(시 4:6)라고 말하며 정욕을 좇아 살아갑니다. 그들은 잠깐의 유익, 곧 자신을 행복하게 해주는 수단을 얻고, 이를 안전하게 유지하는 데 관심을 기울입니다. 그와 대조적으로 그리스도인은 신령한 원리를 따릅니다. 이것은 하나님을 기쁘시게 하고, 그분의 은혜로 행복을 누리는 일입니다. 인간은 자기가 믿는 것을 사랑하고, 사랑하는 것을 실행에 옮기는 법입니다. 그렇다면 우리는 어떻게 고난을 감당하며 하나님의 거룩한 원리대로 살아갈 수 있겠습니까? 두 가지 방법을 설명하려고 합니다.

첫째, 복음의 보상을 믿어야 합니다. "미쁘다 이 말이여 우리가 주와 함께 죽었으면 또한 함께 살 것이요 참으면 또한 함께 왕 노릇 할 것이요"(딤후 2:11, 12). 사도 바울은 '미쁘다'라는 표현으로 말문을 열면서 강한 확신을 드러냅니다. 세상 무엇보다 중요한 이 진리는 인간의 악한 본성을 정면으로 거스르기 때문에 끝까지 지키기가 쉽지 않습니다. 그래서 "우리가 주와 함께 죽었으면 또한 함께 살 것이요"(딤후 2:11)라고 굳게 믿는 믿음이 필요합니다. 세상의 온갖 시련과 풍파를 이겨내고 믿음의 길을 끝까지 걸어가면 주와 함께 기쁨을 누릴 것입니다. 이 복음의 보상을 믿어야 합니다.

예수 그리스도께서는 자신의 몸을 희생 제물로 바치셨습니다. 우리 대신 죽으심으로 하나님께 속죄제를 드리고, 인류에게 복음을 선포하셨습니다. "본디오 빌라도를 향하여 선한 증언을 하신 그리스도 예수 앞에서 내가 너를 명하노니"(딤전 6:13)라는 사도 바울의 말처럼 그리스도께서는 로마 총독이나 분노하는 유대 군중을 두려워하지 않으시고, 자신이 하나님께서 보내신 구세주라는 진리를 끝까지 증언하셨습니다. 그분은 치욕스런 십자가가 기다리는 걸 알면서도 하나님 나라를 담대히 선포하셨습니다.

예수 그리스도의 온유하신 성품, 인내와 사랑, 그리고 신실하심을 본받아 기꺼이 고난을 받아들이는 사람들은 천국에서 그분과 함께 영원히 즐거움을 누릴 것입니다. 그리스도를 위해 고난을 받으면 영광을 얻을 것이란 진리, 그리스도인들에게 이보다 더 큰 용기와 위로를 주는 것이 있겠습니까? 사도 요한을 통해 주신 이 말씀을 기억하십시오. "세상을 이기는 승리는 이것이니 우리의 믿음이니라"(요일 5:4).

최후 승리를 믿는 이 믿음은 초대교회 시대에 놀라운 기적을 일으켰습니다. 당시의 그리스도인들이 인간으로서 감당하기 어려운 끔찍한 고난을 모두 이겨낼 수 있던 것은 천국에 소망을 품었기 때문입니다. 복음을 모르는 이방인은 그리스도인들의 소망을 헛된 상상 정도로 생각했습니다. 그리고 박해를 견디는 그리스도인들 앞에서 아주 오만한 태도로 "살아있는 자들도 살리지 못하는 하나님이 죽은 자들을 어떻게 살린다는 말이냐?"라며 비웃었습니다(고후 1:9, 10 참조).

믿지 않는 사람은 눈 먼 자와 같아서 이 세상을 초월하여 존재하는 영원한 나라를 보지 못합니다. 그러나 복되신 구세주를 믿으면 장차 다가올 세상을 바라볼 수 있습니다. 천국은 지극히 영광스럽고 완전해서 어떤 고난도 능히 감당할 수 있는 소망과 위로가 됩니다. 내세의 영광을 위해 믿음을 지키기로 결정한 사람들은 박해와 공격이 가해져도 흔들리지 않을 것입니다. 이를 가리켜 사도 바울은 "생각하건대 현재의 고난은 장차 우리에게 나타날 영광과 비교할 수 없도다"(롬 8:18)라고 말했습니다.

그리스도를 참되게 따르는 참 신자들은 왜 고난을 막아주지 않으시냐며 하나님을 원망하지 않습니다. 그들은 오히려 지혜의 하나님께서 합당한 시험을 주셨다고 믿으며 고난을 통해 하나님을 향한 사랑과 진심, 충성을 보여드리려 합니다. 그들은 박해를 당하는 중에도 하나님의 전능과 사랑을 의심하지 않고, 고난을 찬양의 이유로 바꿉니다. 세상 권세자의 박해는 단지 몸만 상하게 할 뿐 영혼에는 해를 입힐 수 없음을 그들은 압니다. 사람의 힘으로는 사람의 육신에만 영향을 줄 수 있습니다. 그래서 많은 순교자들은 고난 중에도 완전히 자유로운 영혼을 소유할 수 있었습니다. 그들은 죽음 이후에 영광스러운 부활이 있음을 확신했습니다.

순교자도 박해자도 모두 죽음을 겪을 것입니다. 하지만 주를 위해 고난받은 자의 몸은 재에서 태어나는 불사조처럼 다시 영광스럽게 살아날 것입니다. 그러나 박해자의 육신은 오물에서 기어 나오는 뱀처럼 살아나 심판을 받을 것입니다. 전자는 영원히 영화로울 것이고, 후자는 영원히 무서운 고통을 당할 것입니다. 초대교회의 참된 신자들은 이런 믿음이 있었기에 잔인한 원수들의 온갖 위협 앞에서도 의연하고 용기 있게 행동할 수 있었습니다.

의심에 대한 성경의 경고를 기억해야 합니다. "믿지 아니하는 악한 마음을 품고 살아 계신 하나님에게서 떨어질까 조심할 것이요"(히 3:12)라는 말씀과 같이, 약속을 지키시는 하나님의 신실하심을 의심하지 않도록 주의해야 합니다. 의심을 품은 사람은 위험 앞에서 곧바로 믿음을 포기하고 물러서는 법입니다. 또한 영혼은 없고 오직 육체만 있는 것처럼 사는 사람은 현재의 삶이 없어지면 자신이 완전히 소멸할 거라 생각합니다. 그래서 믿음이야 어찌됐건 신경 쓰지 않고 현재 소유만을 안전히 지키려고 노력합니다. 현재의 고난이 미래에 넘치는 축복으로 돌아오리라고 조금도 기대하지 않기 때문입니다.

둘째, 하나님을 더욱 사랑해야 합니다. "우리가 사랑함은 그가 먼저 우리를 사랑하셨음이라"(요일 4:19). 우리를 향한 하나님의 사랑은 결코 변하지 않습니다. 우리가 하나님을 사랑할 수 있는 이유는 그분이 먼저 우리를 신실하게 사랑하셨기 때문입니다. 하나님을 변함없이 사랑한다면 그분을 위해 고난을 감당할 수 있는 거룩한 용기가 자랄 것입니다. 이 사랑은 우리가 가혹한 고난을 당하더라도 능히 견딜 수 있도록 도와줍니다. 사도 요한은 "온전한 사랑이 두려움을 내쫓"(요일 4:18)는다고 말했습니다. 사랑은 "죽음 같이 강"(아 8:6)한 감정이자 의지이기 때문에 큰 시련 속에서도 전혀 위축되지 않습니다.

하나님을 참되게 사랑하는 사람은 그분을 가장 큰 상급으로 생각합니다. 천국은 말할 수 없이 영광스럽고 아름답지만 그들은 이 점 때문에 천국을 사모하지는 않습니다. 참된 그리스도인은 하나님 때문에 천국을 사모합니다. 하나님께서는 그곳에서 자기 백성에게 그 완전하심을 나타내실 것입니다. 하나님의 이 거룩한 사랑으로 인해 신자는 주께 충성하며 순종합니다. 그리고 이 세상의 그 무엇보다도 더 하나님의 영광을 사모합니다.

순교자들이 죽음을 두려워하지 않은 이유는 그들이 하나님을 누구보다 사랑했기 때문이었습니다. 그들은 "죽기까지 자기들의 생명을 아끼지"(계 12:11) 않고 하나님의 영광을 위해 즐겁게 자신을 희생했습니다. 하나님에 대한 사랑으로 그들 안에는 거룩한 열정이 일어났고 세상의 유혹을 모두 거절할 수 있었습니다. 사랑은 잔인한 칼끝도 무디게 만들었고, 신자들이 인내로써 승리하도록 이끌었습니다. 그들은 믿음을 지킨 것을 결코 후회하지 않았습니다. 그뿐 아니라 자신의 수치를 통해 그분의 영광이 드러나는 걸 보며 기뻐했습니다. 자기의 고난으로 그리스도를 향한 사랑이 더 밝게 빛나리라 믿은 것입니다. 사랑은 영원히 변하지 않는 원리입니다. 주를 끝까지 믿으면 사랑이 세상을 다스리는 것을 경험할 것입니다. 그리고 하늘에서 영광의 면류관을 얻게 될 것입니다.

이와 대조적인 이야기를 하겠습니다. 사도 요한은 그리스도인들에게 "이 세상이나 세상에 있는 것들을 사랑하지 말라 누구든지 세상을 사랑하면 아버지의 사랑이 그 안에 있지 아니하니"(요일 2:15)라고 말했습니다. 세상을 사랑하면 생각과 감정이 부와 명예와 쾌락의 지배를 받게 됩니다. 그러면 세상을 버리기는커녕 더 사랑스럽게 바라보면서 세상이 행복의 근원이라 믿게 됩니다. 영혼의 유익은 안중에도 없습니다. 그러므로 하나님과 이 세상을 동시에 사랑할 수 없습니다. 세상에 대한 사랑과 하나님을 향한 사랑은 서로 정면으로 충돌합니다. 마음이 둘로 나뉜 사람은 일관성을 잃고 이리저리 흔들릴 것입니다. 입으로는 믿음을 고백하지만 마음은 세상을 향한 사람들에게 야고보는 "간음한 여인들아 세상과 벗된 것이 하나님과 원수 됨을 알지 못하느냐 그런즉 누구든지 세상과 벗이 되고자 하는 자는 스스로 하나님과 원수 되는 것이"(약 4:4)라며 호되게 질책했습니다.

세상은 강렬한 매력을 지닌 별과 같습니다. 겉과 속이 다른 거짓 신자들은 그 매력에 이끌려 세상에 순응하고 잠깐의 유익을 얻고자 합니다. 이런 경건치 못한 행위는 하나님의 영광을 가리고 그분을 불쾌하게 만듭니다. 복음은 불같은 시련을 이겨낸 순결한 진리입니다. 하지만 거짓 신자들은 복음을 더럽히며 훼손합니다. 순교자의 피로써 전파된 고귀한 진리는 그들의 손아귀에서 값싸게 팔려나갑니다. 입으로만 믿음을 말하는 거짓 신자들은 이내 자신의 신앙고백을 부인하고 점차 박해자로 변합니다. 그들은 처음엔 아군처럼 보이지만 곧 믿음을 굳세게 지키는 이들을 공격합니다. 이처럼 세상을 사랑하면 생각이 미혹되어 천박한 이익에 눈이 멀고, 이 정도는 꼭 필요한 것 아니냐며 합리화를 합니다. 결국에는 거짓 진리로 거룩한 진리를 억압하는 데에 이릅니다. 이는 어느 시대든지 흔하게 목격되는 현상입니다. 할 수만 있다면 죽은 사람이라도 불러내서 죄의 삯은 사망이라는 걸 분명히 보여주고 싶습니다.

한 부자 청년이 예수님을 찾아와 어떻게 해야 영생을 얻을 수 있는지 여쭈었습니다. 예수님은 "네 소유를 팔아 가난한 자들에게 주라"고 말씀하셨습니다. 그러나 그는 예수님의 말씀에서 하늘의 보화를 얻지 못하고 "근심하며" 돌아갔습니다. 그 후 예수님은 제자들을 돌아보시며 엄숙한 어조로 "내가 진실로 너희에게 이르노니 부자는 천국에 들어가기가 어려우니라"고 말씀하셨습니다(마 19:21-24 참조). 또 이스라엘 열두 지파 가운데 두 지파는 가나안이 아닌 요단강 동쪽의 땅을 기업으로 선택했습니다(민 32:2-5). 세속적인 사람들은 하나님께서 약속하신 가나안보다 자기가 사랑해서 선택한 이 세상을 더 좋아합니다.

로마의 황제 데시우스가 그리스도인들을 심하게 박해했을 때 가장 쉽게 믿음을 버린 이들이 바로 부유한 기독교인들이었다고 합니다. 부를 누리면 세상을 사랑하는 마음이 찾아오기 때문에, 겉으로는 예수 그리스도를 따르면서도 마음으로는 우상을 따른 것입니다. 아리우스파의 박해가 가해지던 때에도 마찬가지였습니다. 높은 신분의 부유한 그리스도인들은 특별히 진리를 위해 용감히 나서야 할 책임이 컸지만, 자기 야심과 탐욕을 이기지 못하고 너도나도 믿음을 포기하고 말았습니다. 그들의 믿음은 상황에 따라 바뀌었습니다. 그들의 신앙 또한 다분히 정치적이어서 대중이 진리와 이단 사상 중 무엇을 선호하느냐에 따라 노선을 달리했습니다. 그들은 세상의 권세와 부를 포기하느니 예수 그리스도의 거룩한 영광을 욕되게 하는 편을 선택했습니다.

땅속 깊이 뿌리 내린 나무를 뽑아내려면 큰 힘이 필요한 법입니다. 설령 나무를 뽑아내더라도 뿌리 일부만 잘려져 나올 뿐 전체가 온전히 뽑히지는 않습니다. 쾌락과 재물을 통해 세상과 단단히 얽힌 욕망이 이와 같습니다. 세상에 깊이 매료된 마음은 완전히 떼어내기가 무척 어렵습니다. 세상을 사랑하는 인간의 욕망은 참으로 강력합니다. 롯의 가족은 천사의 도움으로 겨우 소돔에서 빠져나왔지만 그의 아내는 머뭇거리며 뒤를 돌아보다 소금 기둥이 되었습니다(창 19:26). 세상에 대한 미련이 멸망 앞에서도 끈질기게 발목을 잡은 것입니다. 그것을 놓지 못하면 마음이 갈래갈래 찢기는 고통을 피할 수 없습니다.

세상의 행복을 많이 누린 사람은 그만큼 그 유익을 버리기 힘듭니다. 하지만 생각해 보십시오. 잠깐뿐인 세상의 이익 때문에 영생을 포기하고 형벌을 자조한다니 얼마나 어리석은 일입니까? 당장의 위협이 두렵다고 해서 예수 그리스도와 그 진리를 부인한다면 더욱 끔찍한 결과를 보게 될 것입니다. 예수님도 경고하셨습니다. "누구든지 사람 앞에서 나를 부인하면 나도 하늘에 계신 내 아버지 앞에서 그를 부인하리라"(마 10:32, 33). 주를 부인하는 사람은 예수님도 인정하지 않으십니다. 이보다 더 두렵고도 의로운 보응은 없습니다. 그런 사람은 그리스도인으로서 주님의 제자를 자처했다 해도 마지막 날에 그분께 인정을 받지 못합니다. 재판관이신 하나님께서 "내가 너희를 도무지 알지 못하니 불법을 행하는 자들아 내게서 떠나가라"(마 7:23)고 판결을 내리실 때 그들은 크게 당황하며 놀랄 것입니다. 세상을 택한 자들은 하나님 나라의 만찬에 초대받지 못하고, 영광스런 나라에서 추방된 뒤 타락한 천사들과 더불어 영원히 고통을 당할 것입니다.

세상을 사랑했다가 깊이 회개하고 돌아온 사람도 있습니다. 물론 이들에게는 심판이 임하지 않을 것입니다. 그러나 반대의 경우도 있습니다. 마음을 다해 그리스도께 헌신하면서 세상의 즐거움을 누리느니 차라리 죽음을 택하겠다고 진지하게 결심했지만, 강한 유혹 앞에서 마음이 약해져 주를 부인하는 것입니다. 마치 고열에 시달리는 환자가 곧 죽을지도 모른다는 생각에 유언을 남겼다가 병이 낫고 나서 취소하는 것과 같습니다. 유혹과 고난 앞에서 새롭게 용기를 내어 이겨내십시오. 그래서 그리스도와 진리에 대한 믿음을 확증한다면 영광스럽게 천국에 입성할 것입니다.

세상에서 부를 쌓고 성공가도를 달리는 사람은 회개를 최대한 미룹니다. 그들은 상황이 절박해지고 나서야 마음을 달리 먹습니다. 그러나 지옥에는 회개를 뒷전으로 미루고 미루다가 구원받지 못한 죄인들이 가장 많습니다. 누구든지 병으로 당장 목숨이 위험하다면 급히 치료를 서두를 것입니다. 그러나 대부분의 병은 증세가 서서히 나빠지기 때문에 병세를 알아도 치료를 미루는 경우가 많습니다. 절박한 순간에 이르고 나서야 병원에 달려가는 것입니다. 영혼의 질병도 마찬가지입니다. 죄는 곧 죽음에 이르는 질병입니다. 서둘러 회개하고 믿음을 지켜야 멸망을 예방할 수 있습니다. 그런데 죄를 짓는다고 당장 위험한 건 아니라며 이 유일한 치료법을 무시하는 사람들이 너무도 많습니다. 그들은 결국 돌이킬 수 없는 불행을 초래할 것입니다.

"오늘 너희가 그의 음성을 듣거든 … 너희 마음을 완고하게 하지 말라"(히 3:7-9)는 명령을 잊지 말아야 합니다. 주께서 은혜로 말씀하실 때에 마음을 열어 회개하고 돌이키십시오. 어린 나이일 때부터 지체 없이 온전히 복종하는 태도를 기르고 이를 일평생 유지하시기 바랍니다.

때로 양심은 안일한 마음을 조금씩 깨물어 불편하게 만들기도 합니다. 죄인의 내면에는 대립된 두 마음이 서로 얽혀있습니다.

그는 정욕에 매인 자신을 보며 괴로워하면서도 쾌락을 내심 즐거워합니다. 이러다 파멸에 이를 줄 알면서도 자꾸 정욕의 달콤한 속박을 받아들입니다. 이로 인해 양심의 가책이 느껴지면 이제부터 올바로 살면 괜찮을 거라고, 조금 이따 회개해도 충분하다고 스스로를 속이고 위로합니다. 그래서는 참된 용서도 치료도 일어나기 어렵습니다. 이런 핑계로 세상의 쾌락을 즐기다 보면 스스로 현혹되어 영원한 멸망을 초래할 것입니다.

부를 쌓고 세상의 쾌락을 누리면 죽음도 인생의 덧없음도 모두 잊게 됩니다. 그래서 부유한 죄인들은 깊은 안일함에 빠져있습니다. 인간이 얼마나 망각이 심하고 어리석은지 잘 알았던 모세는 이렇게 기도했습니다. "우리에게 우리 날 계수함을 가르치사 지혜로운 마음을 얻게 하소서"(시 90:12). 인생이란 참으로 덧없고 불확실한 것입니다. 이것을 모르는 안일한 사람은 스스로를 파멸에 몰아넣습니다. 죽음은 나이의 많고 적음에 달려있지 않습니다. 늙은 사람들이 죽는 것은 자연스러운 일이지만, 젊은 사람들의 삶 역시 불확실합니다. 죽음의 문은 항상 열려있고, 사람은 예상치 못한 때에 느닷없이 그 문으로 들어갑니다. 사람이 세상에 거하는 시간은 하나님께서 정해 놓으셨습니다. 하지만 우리는 그때를 알 수 없습니다.

담쟁이덩굴이 자란 담벼락은 파란 잎사귀들로 뒤덮여 아름답게 보입니다. 하지만 서서히 구조가 부실해지면서 어느 순간 갑작스레 무너지기도 합니다. 이런 담벼락 같은 사람들이 많습니다. 젊었을 때 세상의 행복을 누리며 영원히 찬란하게 살 것으로 착각하다가 느닷없이 "땅으로 돌아가"(전 12:7)는 자들입니다. 죽음은 곧 우리 영혼의 영원한 운명이 결정되는 순간입니다. 죽음과 심판 사이에는 회개할 기회가 전혀 없습니다.

죄인의 영혼은 육체를 떠나자마자 돌이킬 수 없는 운명에 놓입니다. 육체와 분리된 영혼은 부분적으로 형벌을 받다가 마지막 날에 하나님 앞에서 완전한 형벌을 받게 될 것입니다. 그럼에도 여전히 회개를 미루시겠습니까? 부와 성공을 누리는 사람들은 나중에 회개하겠다며 대담하게 죄와 쾌락을 계속 즐깁니다. 그리고 앞으로 시간이 충분할 것이라 믿고, 하나님의 은혜도 얼마든지 받을 수 있을 거라 착각합니다. 놀라울 정도로 어리석은 일입니다. 이처럼 죄인들이 누리는 부와 명예와 성공은 굉장히 치명적이며 파괴적인 결과를 가져옵니다.

2부 축복이 될 수는 없는가

3장. 영혼의 본성을 회복하라

잘못된 판단, 그릇된 선택, 그로 인한 실수와 잘못. 이 모든 것은 어리석음에서 비롯됩니다. 무엇이 더 중요하고 어느 쪽이 더 가치 있는지 분별하지 못해 잘못된 결과를 자초한다면 이는 분명 어리석은 일입니다.

세상에서 쌓은 부와 명예를 제멋대로 남용한다면 그는 어리석은 사람입니다. 이 문장의 앞뒤를 바꿔서 말할 수도 있습니다. 어리석은 사람은 자기 소유를 함부로 사용합니다. 그들은 잠깐뿐인 세상의 영광과 재물만을 행복의 근원으로 여기며 즐거워합니다. 하늘나라의 영원한 영광과 참 기쁨은 가치 있게 여기지 않습니다. 그들은 정욕이 이성을 지배해 판단력이 흐려졌기 때문에 잘못된 선택으로 멸망에 이를 수도 있다는 사실을 알지 못합니다. 만일 그들이 한 번이라도 인간의 참된 행복과 만족에 대해 진지하게 생각해 본다면 그런 어리석은 판단을 내릴 수 없을 것입니다. 이런 맥락에서, 하나님께서 인간에게 부여하신 고유한 특성이 무엇인지 살펴보겠습니다. 인간은 그 안에서 비로소 완전해지며 참된 만족을 누릴 수 있기 때문입니다.

1. 인간은 영적인 존재로서 영혼과 이성을 지닙니다

하나님께서 지으신 피조물은 매우 다양합니다. 하나님은 피조물의 종류대로 각기 다른 특성을 심어주셨습니다. 힘이 세거나 용맹스러운 피조물이 있고, 몹시 아름답거나 또는 누구보다 재빠른 피조물도 있습니다. 이처럼 모든 피조물은 저마다의 가치가 있습니다. 그런데 하나님께서는 오직 인간에게만 이성과 생각이라는 특성을 주셨습니다. 이성적으로 생각한다는 점에서 인간은 짐승과 구별됩니다. 인간은 이성적 사고로 온 자연과 피조물을 다스리는 능력을 부여받았습니다. 이것은 인간의 가장 신성한 의무이기도 합니다.

만일 인간이 다른 피조물의 특징을 전부 가졌다면 이성이나 생각은 그리 중요하지 않았을 것입니다. 특성은 그 고유함으로 인해 더욱 돋보이고 또 완전해지기 때문입니다. 힘이 센 피조물은 힘을 발휘하기 좋아하고, 외양이 아름다운 피조물은 그 아름다움을 한껏 펼치기 위해 살아갑니다. 사람도 마찬가지입니다. 이성과 사고력은 인간만의 고유한 특성이기에, 창조주를 생각하고 그의 뜻을 따라 사고할 때 가장 큰 행복을 누릴 수 있습니다.

이성의 상태는 무엇을 생각하느냐에 따라 달라집니다. 귀한 것을 생각하면 영혼과 이성이 정화되고, 더러운 것을 생각하면 당연히 오염됩니다. 재물을 쌓을 궁리, 육체의 만족을 채울 방법에만 생각을 집중한다면 어떻게 되겠습니까? 하나님이 주신 이성을 가지고 "정욕을 위하여 육신의 일을 도모하"(롬 13:14 참조)는 것은 마땅치 않습니다. 이는 임금이 나라의 유능한 석학과 재판관들을 데려다가 평생 탄광에서 굴을 파게 하는 것보다 더 어리석은 일입니다.

하나님께서 주신 이성은 본래 고귀하고 뛰어납니다. 그러나 세상의 덧없는 것들을 생각할 때 이성은 오염되며 원래 가졌던 능력 또한 현저히 떨어집니다. 마치 귀한 순금에 구리나 주석을 혼합하여 값싸게 만드는 것과 같습니다. 순도가 떨어진 이성은 저급한 생각으로 스스로를 더욱 오염시킬 것입니다.

그렇다면 우리의 사고와 이성은 누구를 향해야 합니까? 바로 우리의 창조주 하나님 한 분뿐입니다. 하나님을 묵상할 때 우리가 가진 생각은 제 능력을 발휘하기 시작합니다. 가장 완전히 무엇보다 월등하게 작용합니다. 그분의 광채와 영광, 그 선하심을 항상 생각하십시오. 사고력은 이렇게 쓰이도록 만들어졌습니다. 주를 생각할 때 우리 영혼은 더없이 밝게 빛나며 새로워질 것입니다. 하나님의 성품을 묵상할수록 우리 마음은 더 깨끗해지고 넓어집니다. 그리고 그분의 완전하신 성품을 닮아 아름답고 평화가 넘치는 삶을 살게 됩니다.

2. 인간은 세상에서 참된 만족을 얻을 수 없습니다

앞서 설명한 것처럼 인간은 영적인 피조물입니다. 사람의 영혼은 영원히 죽지 않으며, 그렇기 때문에 영적인 만족과 즐거움이 꼭 필요합니다. 따라서 세상에서 높은 지위를 얻고 수많은 재물을 쌓아도 인간은 거기서 참된 만족을 누리지 못합니다. 황금과 다이아몬드는 먹기에 좋은 음식이 아니라고 애써 설명할 필요가 없듯이 이 사실 역시 굳이 입증할 필요가 없습니다. 하지만 인간은 어리석게도 정욕을 자극하는 유혹에 넘어가 세상의 헛된 것들로 스스로를 채우려고 발버둥을 칩니다. 인간의 참된 만족이 어디에서 비롯되는지 그 진리를 배우고 기억한다면, 어리석은 선택으로 불행을 맞이하진 않을 것입니다.

세상 즐거움을 일단 경험해야 그것이 헛됨을 확실히 배우지 않겠느냐고 말하는 사람도 있습니다. 하지만 일부러 고통과 괴로움을 자초하는 것은 바람직하지 않습니다. 성화되지 않은 겉사람은 본성적으로 세속과 정욕, 쾌락을 좋아합니다. 타락한 인류 안에 있는 죄성은 자극을 받을수록 더욱 지배적으로 변합니다. 순수한 선은 인간이 자연인일 때나 문명인일 때나 존재하지 않았습니다. 인간 사회는 선보다는 죄악이 더 우세한 상황입니다.

재물과 쾌락이 잠깐의 만족을 줄 수 있을지 몰라도 인간 내면의 악은 조금도 해결하지 못합니다. 도리어 정욕을 부채질하여 무엇을 해도 공허함만 생길 것입니다. 사람들은 돈이 많아지면 만족스럽고 행복하게 살 거라 생각합니다. 하지만 돈으로는 행복의 그림자만 살 수 있을 뿐입니다. 세상의 어떤 즐거움도 심각한 질병 앞에서는 아무 소용이 없는 것처럼, 부와 성공과 쾌락으로는 우리의 근본적인 소원을 이룰 수 없습니다. 우리 영혼은 세상의 것으로 결코 만족할 수 없도록 지어졌습니다. 인간의 영혼은 하나님과 교제하고 그분의 형상을 닮아갈 때 생동하며 기뻐합니다. 무지하고 어리석은 사람은 이 귀중한 진리를 가치 없게 여기고 재물을 좇습니다. 그리하여 사도 바울의 말처럼 "부하려 하는 자들은 시험과 올무와 여러 가지 어리석고 해로운 욕심에 떨어지"(딤전 6:9)고 맙니다.

부자가 되기 위해 애쓰는 사람들은 재물이 행복을 가져다준다고 생각합니다. 그들은 마치 값비싼 재료들만 갖추면 납이나 청동으로도 황금을 만들 수 있을 거라 믿는 어리석은 연금술사와 같습니다. 그는 상상 속의 보물을 만들기 위해 재산을 탕진하고 말 것입니다. 불가능한 일을 바라고 시도하는 어리석은 행동을 그만두십시오. 돈과 쾌락으로 참된 기쁨과 온전한 만족을 얻을 거라 기대하는 일만큼 어리석은 일은 없습니다.

이 세상에서 누릴 수 있는 가장 큰 행복도 그 자체로 이미 불완전합니다. 달이 차올라 가장 밝게 빛날 때도 그 표면에는 여전히 어두운 점이 남아있습니다. 우리가 사는 이 세상의 형편이 최고로 나아진다고 해도 그저 잠깐뿐일 세상인 것입니다. 이곳에서 누리는 행복은 제한적이기 때문에 하나님의 영원한 축복과 비교할 수 없습니다. 행복해지기 위해 세상에서 부를 쌓고 성공을 거두었다면 완전히 잘못 판단한 것입니다. 그 행복은 결코 오래가지 않습니다. 요한계시록에서 천사는 "하늘을 향하여 오른손을 들고 … 맹세하여 이르되 지체하지 아니하리니"(계 10:5-7)라고 말했습니다. 천사의 엄숙한 선언대로 우리 모두는 세상 행복이 지체 없이 끝나는 광경을 볼 것입니다.

예수 그리스도께서 들려주신 어느 부자의 이야기를 생각해 봅시다. 그 부자는 자기가 쌓아올린 재산을 보며 육신적인 만족을 느꼈고, 오래도록 마음껏 정욕을 채우며 살기를 바랐습니다. 하지만 전혀 생각지도 못한 판결을 선고받게 됩니다. "어리석은 자여 오늘 밤에 네 영혼을 도로 찾으리니 그러면 네 준비한 것이 누구의 것이 되겠느냐"(눅 12:20). 그는 이 말을 듣고 깜짝 놀랄 수밖에 없었을 것입니다. 이 땅에 남아있을 시간은 매 순간 줄어들고, 우리는 매일 조금씩 죽음을 향해 달려갑니다. 인생은 제한적이고 매우 불확실합니다. 그런데도 언제 사라질지 모르는 행복이 진정한 만족을 주겠습니까? 이런 불안정한 행복에 인생을 거시겠습니까? 지진이 잦아 위험한 지역에 많은 비용을 들여 아름다운 대저택을 세우는 사람은 없습니다. 언제라도 지진이 일어나 한순간에 무너질 수 있기 때문입니다. 너무도 많은 사람들이 비웃음을 살만큼 어리석은 이 행태를 자초합니다.

세상의 쾌락과 재물과 명성은 언제라도 변할 수 있으며 금방 사라지는 것입니다. 하지만 사람들을 이것들을 목표로 삼고 마음을 기울입니다. 명예를 얻고 싶어서 안달이 난 사람들은 아첨 듣기를 좋아하며 허황된 신분이나 칭호를 자랑합니다. 하지만 죽어서 무덤에 들어가면 헛된 명성은 모두 잃을 것입니다. 사람들의 칭송과 찬사도 이미 죽은 자에게는 아무런 영향을 주지 못합니다. 부자 역시 죽고 나면 자기 재물과 분리되어 아무 것도 가져가지 못합니다. 죽음은 세상에서 누릴 수 있는 인간의 모든 기쁨을 남김없이 앗아갑니다.

이를 모르는 어리석은 자는 영원한 하늘나라보다 쾌락으로 유혹하는 이 세상을 더 좋아합니다. 그러나 잠시뿐인 행복은 그 자체로 헛되기 때문에 가장 행복할 때도 영혼을 공허하게 만듭니다. 천국은 이와 완전히 다릅니다. 그곳은 우리가 바라던 수준보다 더욱 압도적이고 지극한 행복으로 가득합니다. 천국에서는 모든 슬픔과 두려움이 사라지고, 창조주 하나님과 영원히 교제할 수 있습니다. 지금의 우리로서는 다 알 수도, 이해할 수도 없는 아름다움과 즐거움을 누릴 것입니다. 위대하신 하나님은 영원한 행복을 베푸시는 분입니다. 그럼에도 천국이 대체 어디 냐며 무시하고, 이 세상이 영원할 것처럼 사랑하는 사람이 있습니다. 이런 사람들이 어째서 심각하게 어리석은지 몇 가지 이유를 들어 설명하겠습니다.

하나님께서 주신 지혜의 길을 따르지 않겠습니까?

세상을 사랑하는 자들은 스스로 멸망을 선택한 것입니다.

잠언을 쓴 지혜자는 격정적인 어조로 죄인들을 책망합니다. "너희 어리석은 자들은 어리석음을 좋아하며 … 어느 때까지 하겠느냐"(잠 1:22). 죄인들은 인간이 지닌 뛰어난 이성과는 도저히 어울리지 않는 육신의 정욕을 따릅니다. 그들은 몹시 어리석어서 사랑해선 안 될 것들을 사랑합니다. 하나님이 주신 이성과 계시의 빛이 비치면 세상의 초라함이 드러납니다. 어리석은 자들이 자기 잘못을 분별하지 못하는 까닭은 그 빛을 사용하지 않기 때문입니다. 하나님은 이사야 선지자를 향해 "나의 백성은 깨닫지 못하는도다"(사 1:3)라고 한탄하셨습니다. 마땅히 생각해야 할 것을 생각해야만 우리 영혼은 제자리를 찾을 수 있습니다.

잠시 한 걸음 물러나서 잠잠히 생각해 보십시오. 나는 무엇을 위해 창조되었는지, 인생의 시간을 어떻게 사용해야 좋을지, 지금 쏟아내는 열정이 천국에서는 어떤 의미가 있을지 되물어 보십시오. 주님이 오실 날을 위해 무엇을 준비해야겠습니까? 이 세상을 떠나면 어떤 운명에 처하게 되겠습니까? 더 생각해 보시기 바랍니다. "의인이 겨우 구원을 받"(벧전 4:18)을 만큼 엄격한 하나님의 심판대에 서게 될 날이 얼마나 남았는지, 가장 악독한 죄인도 감당할 수 없을 만큼 무서운 심판을 받게 되진 않을지, 세상에서 쌓은 것들이 과연 지옥의 형벌을 면하게 해줄지 돌아보십시오. 세상에서 누린 즐거움이 지옥의 불속에서 약간의 위로라도 될 수 있겠습니까? 우리는 진지하게 생각해 볼 필요가 있습니다.

이렇게 스스로에게 질문하며 사고할 때 악한 정욕은 끊어질 것입니다. 우리의 마음과 시선을 하늘에 두게 될 것입니다. 지혜로운 재판관처럼 양심을 균형 있게 유지해야 합니다. 그 상태에서 세상의 부와 성공, 쾌락의 가치를 판단하고 하나님 안에서 얻게 될 현재와 장래의 약속 또한 생각해 보시기 바랍니다. 세상에서 얻는 것들이 얼마나 하찮고 가벼운지 금세 깨닫게 됩니다. 위조품이 아무리 아름다워도 진품과 비교하는 순간 하찮아지는 것처럼, 세상의 그럴 듯한 거짓 행복을 하늘의 참된 행복과 비교할 때 그 실상이 명확하게 보입니다.

세상의 명예에는 본질적인 영광이 없습니다. 그래서 이를 좇다 보면 오히려 불명예에 처할 수 있습니다. 성도의 영광에 대해 아직 모르는 사람들은 욕심을 내어 세상의 헛된 명예만 따라갑니다. 하나님의 빛나는 영광이 가득한 천국에서 천사들과 함께 살아가는 복된 성도들을 생각해 보십시오. 그들은 모든 면에서 이 세상 사람보다 월등히 뛰어납니다. 세상의 벌레와 두더지 같은 존재들이 만들어낸 평판이나 명예를 어떻게 천국의 영광과 비교할 수 있겠습니까? 그림자 같이 덧없는 이 세상의 명예를 하나님이 부여하신 영원한 영광과 비교하면 무슨 가치를 말할 수 있겠습니까? 천국에서 누리는 충만한 기쁨뿐 아니라, 이 땅을 살아가는 동안 "성령 안에 있는 의와 평강과 희락"(롬 14:17)이 주는 깊은 위로 역시 놓쳐서는 안 될 보배입니다. 이것과 비교하면 세상의 재물과 보화는 그야말로 쓰레기와 다름없습니다. 수많은 사람들이 이 하찮은 것을 얻으려고 자기 영혼을 잃어가면서까지 애를 씁니다.

현명하게 비교해 보십시오. 그 가치를 깨닫는다면 잠깐뿐인 헛된 행복에 더 이상 끌리지 않을 것입니다. 하지만 어리석은 인간은 자신의 그릇된 판단을 아주 멋진 일로 여기고 정욕의 노예가 됩니다. 이성적으로 생각해 보면 세상에 있는 즐겁고 매혹적인 것들이 얼마나 하찮은지 알게 될 테지만 그들은 깊이 생각하지 않습니다. 그리하여 마땅히 온 열정과 노력을 기울여 추구해야 할 참된 행복과 영광을 무시합니다. 설령 스스로를 구원할 능력이 있다 해도 그들은 그렇게 하려는 의지조차 없기 때문에 계속 어리석게 살아갈 것입니다.

세상을 사랑하는 것에는 무거운 책임이 따릅니다.

　어린아이들은 가치를 잘 알지 못합니다. 그래서 고귀한 것보다 당장 재미있어 보이는 것을 더 좋아합니다. 그들은 진짜 보물보다 유치한 장난감을 선택할 것입니다. 어리석은 사람은 이런 어린아이처럼 가치를 모릅니다. 그래서 장차 얻을 기쁨과 영광보다는 당장의 작은 즐거움을 더 좋아합니다. 그들 안에서 이성이 작용을 멈췄기 때문입니다. 더 이상 어린아이가 아닌데 세상의 헛된 즐거움만 보이고 하나님의 영원한 행복이 보이지 않는다면, 그래서 세상을 선택한다면 명백한 죄악을 저지르는 것입니다 (고후 4:17, 18 참조).

　고작 죽 한 그릇에 장자의 권리를 팔아버린 에서를 예로 들겠습니다. 그가 만일 어린아이였다면 나름대로 변명할 이유가 있을 것입니다. 식욕을 채우는 일과 장자의 권한 중에 무엇이 귀한지 생각할 겨를이 없었을 것이기 때문입니다. 그러나 그는 다 자란 성인이었습니다. 무엇이 자신에게 더 유익한지 충분히 생각할 수 있었음에도 그는 육신의 작은 만족 때문에 신성한 권리를 포기했습니다. 이 선택으로 그는 축복받을 자격이 없음을 스스로 증명한 셈입니다. 그는 마땅히 장자의 권리를 박탈당해야 했습니다.

짐승들이 감각적인 욕구를 따르는 것은 지극히 자연스럽고 정상적인 일입니다. 짐승들의 주도적인 기능은 몸의 감각이기 때문입니다. 따라서 짐승들의 탐욕과 잔인함, 어리석음과 추악함, 시기심과 분노를 악하다고 보지 않습니다. 그러나 인간이 짐승처럼 육신의 감각을 따르는 것은 매우 부자연스럽고 비정상적인 일입니다. 인간에게는 이성이 가장 우월한 기능을 행사하기 때문입니다.

미혼 여성은 스스로 자기 행위를 통제하지만, 결혼한 후에는 남편을 따르게 됩니다. 결혼한 사람이 배우자의 신중한 조언을 무시하는 것은 분명한 과실입니다. 두 사람은 결합했기 때문에 결혼 이전처럼 마음대로 할 수 없습니다. 이와 같은 이치입니다. 육신 자체만 보면 자연적으로 욕구를 느끼고 이를 채우며 즐거움을 얻는 게 틀리지는 않습니다. 그러나 인간은 육신과 영혼이 결합된 존재입니다. 우리의 영혼은 살아있는 하나님의 형상이며, 육신의 욕망을 제한하고 통제할 수 있습니다. 영혼이 금지한 행위를 육신이 거듭하면서 쾌락을 얻는 것은 인간의 지배적인 기능을 거부하는 것과 마찬가지입니다.

술 때문에 병이 생긴 환자가 또 술을 마시면 증세가 악화됩니다. 의사는 당연히 금주를 권하기 마련입니다. 이때 환자가 술이 좋은지 나쁜지 스스로 판단하겠다고 한다면, 그것도 오직 맛으로만 판단하겠다고 한다면 얼마나 무분별한 일이겠습니까? 자신의 고집으로 병세가 악화되어 더 큰 고통을 당해도 그는 할 말이 없을 것입니다. 하나님께서 인간에게 동물보다 뛰어난 정신과 이성을 주신 까닭은, 사물의 겉모습이 아닌 본질을 판단하게 하시려는 것입니다. 하지만 감각적인 만족을 추구하며 영혼을 망치고, 눈에 좋아 보이는 것만 추구한다면 하나님이 주신 선물과 그 목적을 욕되게 하는 것입니다. 이토록 어리석은 자들은 마땅히 형벌을 받을 것입니다.

세상을 사랑한 결과 영원한 수치를 당합니다.

자신의 장점이 공개적으로 훼손될 때 우리는 수치심을 느낍니다. 그런데 인간의 가장 뛰어나고 탁월한 장점이 무엇입니까? 이성으로 생각하고 판단하는 능력, 바로 지각입니다. 따라서 생각이 기능을 잃고 미혹으로 부패해진다면 큰 수치를 당할 것입니다. 더욱이 영원한 운명을 가르는 매우 중요한 판단 앞에서 생각을 잘못한다면, 그것이 드러났을 때 얼마나 수치스러울지 생각해 보십시오.

"사람이 만일 온 천하를 얻고도 제 목숨을 잃으면 무엇이 유익하리요"(마 16:26). 우리 영혼을 창조하시고 구원하신 예수 그리스도께서는 영혼이 얼마나 중요한지 알려주시려고 이렇게 물으셨습니다. 우리의 영혼은 천사와 같은 탁월함을 지니고 있습니다. 그런데도 세상의 헛된 싸구려 쾌락과 영혼을 맞바꾼다면 그 엄청난 어리석음에 대해 할 말을 잃게 될 것입니다. 내세에서 인간의 영혼이 어떤 운명에 처할지 알고 있는 사람은 결단코 이 세상과 자기 영혼을 바꾸지 않습니다. 이 거래가 성사되면 어마어마한 손실을 입게 될 것을 이미 알기 때문입니다. 고대 독일인들은 로마인과 상거래를 하면서 희귀한 호박(琥珀)을 주는 대신 은을 받았습니다. 독일인들은 호박으로 제비뽑기 정도만 할 뿐 그 가치를 알지 못했는데, 로마인들이 비싼 값에 사는 것을 보고 깜짝 놀랐다고 합니다. 가치를 모르면서 거래하는 것은 몹시 어리석은 일입니다. 유혹하는 원수조차도 인간이 영원히 죽지 않는 영혼을 세상의 헛된 것들과 맞바꾸는 광경을 보고 놀랍니다. 그리고 교활하게 속으로 비웃다가 내세에서 크게 조롱할 것이 틀림없습니다.

  자신이 무슨 죄를 저질렀는지 생각조차 않는 사람도 있습니다. 이런 죄인들은 마치 잠에 깊이 취했다가 퍼뜩 정신을 차리는 것처럼 어느 순간 자신의 그릇된 선택을 깨닫고는 화들짝 놀랄 것입니다. 그리고는 자신의 어리석음에 깊은 수치심을 느낄 것입니다. "너희가 그 때에 무슨 열매를 얻었느냐 이제는 너희가 그 일을 부끄러워하나니 이는 그 마지막이 사망임이라"(롬 6:21). 사도 바울의 이 말처럼 죄의 결말이 사망인 것을 깨달으면 수치심을 느끼는 게 당연합니다. 순간적인 즐거움을 선택하며 살아온 삶이 얼마나 공허하겠습니까? 또 그로 인한 결과가 사망인 것을 알면 얼마나 몸서리치도록 수치스럽겠습니까?

예레미야 선지자는 "불의로 치부하는 자는 … 그의 중년에 그것이 떠나겠고 마침내 어리석은 자가 되리라"(렘 17:11)고 말했습니다. 불의한 방법으로 부를 얻으면 세상에서는 지혜롭다는 평판을 들을지 몰라도 하나님 앞에서는 갈취하는 자요 어리석은 죄인에 지나지 않습니다. 어차피 자신이 쌓은 부를 끝까지 지킬 수도 없는데 이를 위해 영혼까지 팔아버린 셈입니다. 이런 사람은 언젠가 자기 양심으로부터 호된 꾸지람을 당할 것입니다. 그리고 지난날의 어리석음을 떠올리며 큰 혼란을 겪을 것입니다.

성경은 "수치를 당하여서 영원히 부끄러움을 당할 자도 있을 것이며"(단 12:2)라고 말씀합니다. 어리석은 죄인들은 마지막 날에 온 세상 앞에서 몹시 부끄러울 것입니다. 지금은 누가 누구인지 모르기 때문에 수치심이 가려지지만, 주께서 심판하시는 날에는 모든 사람 앞에서 자기 어리석음이 드러나며 비웃음을 당할 것이 분명합니다. 그 수치심을 어찌 감당하겠습니까? 천사들과 성도들이 모두 한자리에 모여 있고, 위대한 재판관이신 하나님께서 그 영광스러운 모습을 드러내십니다. 그 광경 가운데서 죄인들이 느끼는 수치심과 당혹감은 말로 다 할 수 없을 것입니다. 그들은 자신의 어리석은 죄를 자책하고 부끄러워하며 영원히 스스로를 괴롭힐 것입니다.

세상을 사랑하면 가장 비참한 결말을 맞게 됩니다.

어리석음의 결과를 생각하면 깊고 슬픈 탄식이 절로 나옵니다. 생각과 이성은 인간이 지닌 가장 탁월하고 아름다우며 고귀한 장점이었으나 죄로 인해 어두워졌습니다. 부패한 욕망에 의지를 사로잡힌 영혼은 사탄의 노예로 전락하고 맙니다. 이스라엘의 장군이자 사사였던 삼손은 군대 전체와 맞먹는 힘을 지닌 사람이었습니다. 하지만 어리석은 선택으로 그는 하나님이 주신 힘을 잃고 처참하게 블레셋 노예 신세가 되었습니다. 그전까지 영광스런 승리를 일궈냈던 그가 이제는 눈알이 뽑히고 사람들의 구경거리가 되었습니다. 싸움에 능했던 양손으로 짐승처럼 연자맷돌을 돌리고, 원수들은 그걸 보며 신나게 조롱합니다. 우리는 삼손의 혹독한 불행을 통해 어리석음이 얼마나 비참한 결과를 초래하는지 알 수 있습니다.

하나님의 형상으로 창조된 영혼이 타락하면, 육신의 욕망을 전혀 다스리지 못합니다. 감각을 제어하지 못해 정욕만 추구하다 죄의 노예가 되고, 그로 인한 고통을 영원히 짊어지게 됩니다. 삼손의 원수들처럼 악한 영들이 죄인을 보며 비웃고 조롱합니다. 그럼에도 수많은 사람들은 이 점을 생각하지도, 탄식하지도 않습니다. 참으로 비참한 일입니다. 느부갓네살왕 역시 끔찍한 결과를 당했습니다. 그의 불행은 왕국을 잃은 것이 아니라 지각을 잃었다는 데서 비롯됩니다. 명민한 이성이 사라지고 짐승의 감정과 마음을 갖게 된 것입니다.

어리석은 죄인들은 현세에서도 고통을 받지만, 죽음 이후에는 더욱 처참한 고통을 받습니다. 사도 바울은 "시험과 올무와 여러 가지 어리석고 해로운 욕심에 떨어지나니 곧 사람으로 파멸과 멸망에 빠지게 하는 것이라"(딤전 6:9)고 말했습니다. 이 말씀에서 우리는 죄인의 파멸이 얼마나 무서울지 짐작할 수 있습니다. 또 죄인은 분명히 심판을 당한다는 사실도 알 수 있습니다.

인간의 정욕은 치명적이고 해롭습니다. 정욕에 넘어간 사람들은 죽음의 소용돌이 속으로 휘말려 들어가면서도 자신이 지금 행복의 샘물에서 목욕을 하고 있다고 착각합니다. 그들은 어리석어졌기 때문에 세상의 쾌락을 누리면서도 안심합니다. 자기 감각만 만족시키다가 하나님을 멀리 떠나고, 결국에는 그분의 영광의 임재로부터 영원히 분리될 것입니다. 가장 큰 행복은 하나님의 임재가 영원히 보장된 곳에서 그분을 즐거워하는 것입니다. 반대로 가장 큰 불행은 하나님과의 무너진 관계가 회복될 희망이 전혀 없는 곳에서 영원히 고통을 당하는 것입니다. 이런 이야기를 들려주어도 어리석은 죄인들은 아무런 감흥을 느끼지 못합니다. 하나님이 없어도 세상에서 온갖 쾌락을 누리며 나름대로 만족하기 때문입니다. 하지만 죽음 이후 그 헛된 쾌락을 모두 빼앗기고, 자신이 참된 행복을 무시했다는 사실을 깨닫는다면 영원히 슬피 울게 될 것입니다.

열왕기하 7장에 등장하는 불의한 장관은 풍성한 양식을 보기만 했을 뿐 맛은 보지 못했습니다. 그처럼 어리석은 죄인들도 빛나는 천국과 그곳의 성도들을 보기만 할 뿐 절대로 거기에 참여하지 못할 것입니다. 이보다 무서운 저주는 없습니다.

"우리가 무슨 일이든지 우리에게서 난 것 같이
스스로 만족할 것이 아니니
우리의 만족은 오직 하나님으로부터 나느니라"

(고후 3:5).

4장. 지금이 끝이 아니다

　어리석은 죄인은 정욕을 채우기 위해 자기의 재물과 명예를 이용합니다. 그들의 잘못된 선택에는 필연적인 심판이 뒤따를 것입니다. 하나님의 심판은 참으로 의롭고 분명하기 때문에 죄인은 그 무거운 책임을 감당할 수 없습니다. 이번 장에서는 죄인이 당할 심판, 즉 멸망에는 어떤 의미가 있는지 살펴보겠습니다.

1. 죄인의 심판은 하나님의 공의를 드러냅니다

　죄인은 멸망을 자초합니다. 하나님께서 은혜로 설득하셔도 그들은 스스로 심판을 선택합니다. 잠언 1장에서 '지혜'는 죄인들을 향해 부드럽지만 강력하게 권고합니다. "나의 책망을 듣고 돌이키라 보라 내가 나의 영을 너희에게 부어 주며 내 말을 너희에게 보이리라"(잠 1:23). 지금이라도 멸망의 길을 버리면 "은총과 간구하는 심령을 부어"(슥 12:10) 주겠다고 성경은 말합니다. 그러나 그들은 돌이켜 보지도 않고, 악한 행위를 고치려는 시도조차 하지 않습니다. 그 길로 가면 멸망할 것이 확실한데도 죄가 주는 쾌락과 "어리석음을 좋아"(잠 1:22)합니다. 하나님께로 돌이키면 분명히 영광스럽고 영원한 상급이 주어질 텐데도 그들은 경건한 삶과 "지식을 미워"(잠 1:22)합니다. 이로써 죄인은 멸망을 스스로 선택한 것입니다.

물론 행복을 거부하고 불행을 선택할 사람은 아무도 없습니다. 하지만 많은 사람들이 행복을 위해 정욕을 선택하다가 불행을 맞이합니다. 예수께서 들려주신 탕자 이야기를 생각해 보십시오. 탕자는 결국 가난해졌지만 일부러 가난을 택하지는 않았습니다. 그는 아버지의 유산으로 즐겁고 멋있게 살겠다고 생각했을 것입니다. 그는 자기 행복을 위해 재물을 낭비했고, 결국 가난뱅이 신세가 됩니다. 자기 의지로 재산을 탕진했기 때문에 그의 불행은 사실상 본인이 선택한 결과입니다. 자기 발로 불행에 빠져든 셈입니다.

죄는 파괴적인 결과를 불러들입니다. 그렇기 때문에 쉽게 선택하기 어려울 것 같지만, 인간의 부패한 본성은 너무나도 쉽게 죄에 이끌립니다. 그 결과 아무렇지 않게 죄에 빠지며 즐거워합니다. 인간의 타락한 의지에 대해 깊이 헤아리는 사람은 드뭅니다. 많은 사람들은 당장의 쾌락에 이끌려 죄의 무서운 결과에 대해 신경 쓰지 않습니다. 동물처럼 육신의 욕망을 만족시키는 일에만 급급합니다. 그러나 육에 속한 마음으로는 절대 경건함에 이를 수 없습니다. 한 사람이 두 마음을 가질 수는 없는 일입니다. 그래서 육신의 정욕에 이끌린 사람들은 하늘의 영원한 행복을 약속해도 듣지 않습니다.

죄인들이 죄의 결과를 모르는 것은 아닙니다. 다만 타락한 인간의 본성은 하나님과의 교제보다 육신의 쾌락을 더 좋아하기 때문에 끝까지 죄를 고집하는 것입니다(신 32:6 참조). 죄인들이 이토록 완고하게 거부한 축복을 그들에게서 빼앗는 것은 마땅한 일입니다. 지금도 죄인들을 부르고 계신 예수님께서는 마지막 날에 그분의 목소리를 거부한 죄를 물으실 것입니다. 예수님은 수도 없이 죄인들의 마음 문을 두드리시지만(계 3:20), 그의 마음 속에는 이미 세상의 가치와 정욕이 꽉 들어차 있어서 그분이 들어가실 자리가 없습니다. 이런 죄를 저지른 영혼들은 마지막 날에 스스로를 변호하기는커녕 용서조차 구하지 못하고 입을 굳게 다물 것이 분명합니다. 그렇게 죄인들의 불의와 하나님의 공의로우심은 만인의 눈앞에서 분명하게 드러날 것입니다. 죄인들은 절망의 눈물을 흘리며 하나님의 의로운 심판을 받아들일 수밖에 없습니다.

그때가 되면 세상에서 누렸던 부와 성공과 쾌락이 죄인들의 행악을 입증할 것입니다. 그들의 형벌이 얼마나 타당한지 보여줄 것입니다. 또 육신의 정욕에 억눌렸던 양심이 되살아나서 과거의 어리석은 선택들을 상기시키고, 이 기억이 스스로를 괴롭혀 그는 지옥의 다른 동료보다 더욱 괴로운 자가 될 것입니다.

리디아의 부유한 왕 크로이소스가 최고로 번영을 누렸을 때, 솔론이라는 현명한 그리스인이 찾아와 조언했습니다. 당신의 위대함이 비참함으로 뒤바뀔 날을 대비하라는 것입니다. 그 말을 가볍게 무시한 크로이소스는 훗날 정말로 비참하게 막대기에 묶여 화형당할 신세가 되었습니다. 그는 후회가 가득한 채로 불에 타 죽어가면서 "솔론! 솔론! 솔론!"이라고 애처롭게 부르짖었습니다. 그에게는 솔론의 지혜를 무시한 것이 왕국을 잃은 것보다 더욱 고통스러웠을 것입니다.

부와 성공을 누릴 때 죄인은 파멸당하기 전에는 무수한 가르침과 경고, 하나님의 지혜가 들려도 듣지 않습니다. 구원받지 못한 영혼들이 과거에 얼마나 고집스럽게 은혜를 거절했는지 떠올린다면 얼마나 고통스럽겠습니까? 끔찍한 후회와 수치가 밀려와서 지옥의 고통에 심한 괴로움을 더할 것입니다.

2. 죄인의 심판은 확실합니다

하나님께서는 죄의 쾌락이 불행으로 끝나도록 확고히 정하셨습니다. "너희가 육신대로 살면 반드시 죽을 것이로되"(롬 8:13)라는 선언을 기억하십시오. 이 일은 그분의 진리에 따라 집행되기 때문에 한 치의 오차도 없이 공정하게 이루어집니다. 예수 그리스도께서는 "천지가 없어지기 전에는 율법의 일점 일획도 결코 없어지지 아니하고 다 이루리라"(마 5:18)고 말씀하셨습니다. 성경의 모든 두려운 경고는 회개하지 않은 죄인들에게 남김없이 임할 것입니다.

거룩하고 진실하신 하나님께서는 결코 자신을 부인하실 수 없으십니다(딤후 2:11-13 참조). 그분은 말씀하신 바를 이루시기 위해 회개 없는 죄인들에게 형벌을 내리십니다. 하지만 세상에 사는 동안 그들은 한동안 징계를 피할 수 있습니다. 하나님께서는 궁

휼로 사역하시기 때문에 회개할 시간과 기회를 주십니다. 죄로 당장 멸망하는 것이 마땅하지만 하나님의 긍휼로 그 심판은 잠시 미루어졌습니다. 하나님께서는 긍휼과 자비로 그분의 공의와 진노를 참고 계십니다. 따라서 우리는 그분의 자비와 긍휼을 의지하며 그 앞에 나아갈 수 있습니다. 그러나 하나님의 놀라운 은혜를 모독하고 그 축복을 남용하며 그분의 진노를 일으킨다면 멸망을 피할 수 없습니다. 그분의 긍휼을 무시하면 어떤 것으로도 죄인이 옹호를 받을 수 없기 때문입니다.

천사는 인간보다 더 탁월한 능력을 부여받았습니다. 하지만 하나님께서는 이토록 고귀한 영들이 그분께 반역하자 가차 없이 하늘에서 내치셨습니다. 사도 바울은 하나님께서 이스라엘 백성을 친히 선택하사 다른 민족보다 더 사랑하셨으나 그들이 열매를 맺지 못했다고 지적했습니다. 하나님께서는 그들을 참감람나무에서 잘라내시고 대신 돌감람나무, 즉 이방인들을 접붙이셨습니다. 사도 바울은 이에 대해 "높은 마음을 품지 말고 도리어 두려워하라 하나님이 원 가지들도 아끼지 아니하셨은즉 너도 아끼지 아니하시리라"(롬 11:17-22)고 당부합니다.

하나님께서는 "범죄한 천사들을 용서하지 아니하시고 지옥에 던져 어두운 구덩이에 두어 심판 때까지 지키게"(벧후 2:4) 하셨습니다. 하물며 회개하기 싫어하고 끝까지 육신의 정욕만 좇는 죄인에게는 어떠하시겠습니까? 그들 역시 가차 없는 심판을 받을 것입니다. 죄를 사소하게 여긴다면 이미 지혜와 순수함을 다 잃어버린 상태라는 뜻입니다. 그들은 자신의 더러운 행위를 좋지 않은 버릇, 기질상의 문제쯤으로 간주하고 크게 부끄러워하지 않습니다. 하지만 거룩하신 하나님이 죄를 얼마나 미워하시는지 결국에는 분명히 깨달을 것입니다. 지금 그분의 은혜의 손길을 거부하고 깊은 잠에 취해 있는 죄인들은 마침내 위엄과 공의의 하나님을 마주하고 두려워할 것입니다. 세상에서 부와 성공을 누리는 죄인에게 주께서는 이와 같이 경고하십니다.

"내가 불렀으나 너희가 듣기 싫어하였고 내가 손을 폈으나 돌아보는 자가 없었고 도리어 나의 모든 교훈을 멸시하며 나의 책망을 받지 아니하였은즉 너희가 재앙을 만날 때에 내가 웃을 것이며 너희에게 두려움이 임할 때에 내가 비웃으리라 너희의 두려움이 광풍 같이 임하겠고 너희의 재앙이 폭풍 같이 이르겠고 너희에게 근심과 슬픔이 임하리니 그 때에 너희가 나를 부르리라 그래도 내가 대답하지 아니하겠고 부지런히 나를 찾으리라 그래도 나를 만나지 못하리니 대저 너희가 지식을 미워하며 여호와 경외하기를 즐거워하지 아니하며"(잠 1:24-29).

자신의 죄를 모르는 척 눈감거나 외면하고 싶을 수 있습니다. 그러나 두려운 심판의 날에는 어쩔 수 없이 눈을 들고 죽음의 얼굴을 보게 될 것입니다. 구름이 서로 부딪치면 천둥과 번개가 치는 것처럼, 그들에게 질병과 고뇌가 한꺼번에 몰려와 육체와 영혼이 함께 고통받을 것입니다. 뒤늦게 긍휼을 구해도 하나님께서는 그들의 기도를 멸시하며 거절하실 것입니다. 오만한 죄인들이 파멸을 피할 방법은 어디에도 없습니다.

어떤 죄인들은 마지막 날에 세상에게 버림받아도 하나님은 은혜로 용납하실 거라 착각합니다. 이들은 평소에도 재앙이 닥칠 때만 회개했을 것입니다. 그러나 죄를 돌이키지 않고 그저 재앙과 고통에 대해서만 슬퍼했을 것입니다. 이런 자들이 하나님의 긍휼과 자비를 구하는 것은 대놓고 그분을 무시하는 것만큼 가증스러운 죄입니다. 지혜와 거룩함, 공의와 진리로 심판하시는 하나님께 자기 입맛에 맞는 긍휼을 기대할 수는 없습니다. 실컷 죄를 짓다가 마지막에 회개하면 된다는 말은 그분을 하나님으로 인정하지 않겠다는 뜻입니다. 이처럼 삶으로는 하나님을 대적하면서 죽음이 임박할 때 은밀히 그분께 아첨하는 자들이 있습니다. 그들은 하나님의 가장 순결하고 완전하신 속성을 부인하는 것입니다. 시편 저자는 그런 죄인들에 대해 꼬집었습니다.

"하나님이 그들을 죽이실 때에 그들이 그에게 구하며 돌이켜 하나님을 간절히 찾았고 … 그러나 그들이 입으로 그에게 아첨하며 자기 혀로 그에게 거짓을 말하였으니 이는 하나님께 향하는 그들의 마음이 정함이 없으며 그의 언약에 성실하지 아니하였음이로다"(시 78:34, 36, 37).

물론 하나님께서는 긍휼이 풍성하십니다. 그분은 죄인들이 진심으로 깊이 뉘우치면 기꺼이 용서하시고 자비를 베푸십니다. 부를 쌓아 정욕만 좇던 죄인이 주께 돌아와서 회개한다면, 그리고 진정으로 슬퍼하며 죄의 습성을 고치기로 한다면, 하나님께서는 은혜를 허락하실 것입니다.

하나님께서 진노 중에 인내하시는 걸 알면서도 회개를 거듭 미루는 자들, 불의한 청지기처럼 하나님이 주신 축복을 남용하는 자들, 죄로 인한 불행과 고통이 닥쳐야 겨우 입으로만 도움을 요청하는 자들은 앞으로 당할 일을 염려해야 합니다. 목숨이 위태롭자 비로소 영혼의 안위를 걱정하며 올바로 살겠노라 결심하는 자들 역시 스스로의 마음 상태를 의심해 보아야 합니다.

임종 직전에 목회자를 불러 뒤늦게라도 긍휼을 얻으려는 사람들이 있습니다. 하지만 이런 때에 목회자는 죽음으로 인한 슬픔만을 말하는 것이 좋습니다. 잠깐 뒤에 천국에서 만나자며 섣불리 용서와 구원을 선언하지 마십시오. 고난을 당해야 회개하는 사람은 새로운 유혹이 다가오면 언제 그랬냐는 듯 다시 넘어가기 쉽습니다. 의사들은 심각한 질병을 판명할 때 환자에게 직접 말하지 않고 보호자에게 넌지시 위험성을 알립니다. 만일 누군가가 평생 죄를 짓다가 죽기 직전에야 목회자를 불러 자신이 구원을 받을 수 있는지 묻는다면, 목회자는 의사들처럼 신중하게 말할 필요가 있습니다. 이를테면 "선하신 하나님은 무엇이든 다 하실 수 있고, 다 죽어가는 사람도 살리실 수 있습니다. 그분께 기도하십시오"라는 식으로 조언하는 것이 바람직할 것입니다.

약초를 재배하는 농민은 엉겅퀴 씨앗을 심을 때 특별히 주의를 기울인다고 합니다. 올바른 방법으로 잘 심지 않으면 쓸모없는 야생 잡초로 자랄 수 있기 때문입니다. 성경은 복음을 씨앗에 비유합니다. 우리는 하나님께서 용서와 구원을 약속하실 때 올바른 마음으로 받아들여야 합니다. 세상의 정욕에 등을 돌리며 끝까지 하나님의 법을 따르겠다 결심하고, 또 그렇게 살아가야 합니다. 실천 없이 구원에만 관심을 갖는다면 정직한 믿음도 순결한 소망도 가질 수 없습니다. 그저 헛된 추측과 그릇된 소망만 있을 뿐입니다.

"나의 삶을 두고 맹세하노니 나는 악인이 죽는 것을 기뻐하지 아니하고"(겔 33:11). 하나님의 거룩하고 엄숙한 이 맹세를 기억하십시오. 그리고 뒤에 이어지는 "악인이 그의 길에서 돌이켜 떠나 사는 것을 기뻐하노라"라는 선언 또한 명심하시기 바랍니다. 돌이키라는 말씀은 무시한 채 나는 형벌을 피할 거라 착각하며 죄와 정욕을 실컷 즐긴다면, 주께서는 그의 파멸과 멸망을 정의롭게 여기실 것입니다. 하나님의 말씀을 자기 마음대로 받아들이면서 섣불리 그분의 뜻을 속단하는 것은 사탄의 방법입니다. 주님의 영광을 욕되게 하는 일입니다.

"악인이 만일 그가 행한 모든 죄에서 돌이켜 떠나 내 모든 율례를 지키고 정의와 공의를 행하면 반드시 살고 죽지 아니할 것이라"(겔 18:21). 하나님께서는 죄인이 회개하면 용서하실 거라 말씀하셨습니다. 그러나 그 회심은 일관성 있게 지속되어야 합니다. 하나님께서는 "나를 간절히 찾는 자가 나를 만날 것"(잠 8:17)이라고 약속하십니다. 그리고 "여호와를 만날 만한 때에 찾으라"(사 55:6)고 명령하십니다. 그분을 만날 만한 때가 있다는 말은 우리 마음대로 은혜받을 때를 정할 수 없다는 뜻입니다. 그분이 원하시는 때, 바로 지금 그분께 용서와 도우심을 구하십시오. 그리고 끝까지 하나님의 법을 따라 살아가십시오.

3. 죄인은 자기가 행한 만큼 심판을 받습니다

부와 성공의 남용은 인간의 보편적인 가치에도 어긋납니다.

하나님을 모르는 사람들도 선은 선으로 갚아야 한다는 것쯤은 압니다. 은혜를 입었다면 그 은혜에 감사를 표시하는 것이 예의이자 상식입니다. 이는 하나님이 주신 이성과 양심에 근거한 보편적인 가치입니다(마 5:46 참조). 시대와 문화를 초월해 인류는 보은을 미덕으로 여겼습니다. 만일 누군가가 자기 목숨을 구해준 사람을 폭행한다면 모두가 그를 파렴치한 자로 여길 것입니다. 선을 악으로 갚는 행위는 인간이기를 포기한 자들이 하는 짓입니다. 그들은 사악한 마귀와 다름없습니다.

하나님의 축복을 받았다면 마땅히 감사해야 합니다. 그분의 은혜를 입은 자들은 주님을 무엇보다도 더 사랑해야 합니다. 하지만 부와 성공을 남용하는 죄인들은 은혜 주신 분을 멀리하고 자기 정욕을 채우는 일에만 급급합니다. 하나님께서 주신 축복으로 그분을 더욱 섬기고 영화롭게 해야 하지만 그들은 도리어 하나님의 진노를 자극합니다. 세상에서 부를 쌓으면 사치와 안일함에 빠지기 쉽고, 더 다양한 죄의 유혹이 찾아옵니다. 하나님께서는 그들이 회개하고 돌아오기를 기다리시지만 그럴수록 죄인들은 고집스럽게 그분을 무시하고 대적합니다. 모세는 은혜를 잊고 죄를 지은 이스라엘 백성을 향해 "어리석고 지혜 없는 백성아 여호와께 이같이 보답하느냐"(신 32:6)고 호되게 책망했습니다.

부와 성공의 남용은 하나님에 대한 심각한 모욕입니다.

인간이 하나님께서 주신 율법을 거스를 때, 그분의 권위는 모욕을 당합니다. 그런데 그보다 더 무례한 죄가 있습니다. 그분의 사랑과 축복을 무시하는 죄입니다. 사도 바울은 이를 가리켜 하나님의 인자하심을 멸시하는 행위라고 일컬었습니다(롬 2:4).

하나님의 축복을 가지고 자신의 "부끄러운 욕심"(롬 1:26) 따위를 만족시킨다면, 이보다 더 그분께 무례를 저지르는 일이 있겠습니까? 사이가 멀어진 친구에게 귀한 선물을 보냈다고 합시다. 그런데 친구가 선물을 하찮게 여겨 툭 던져놓는다면 어떻겠습니까? 혹은 선물을 언제 받았냐는 듯 조금도 마음을 풀지 않는다면 어떤 기분이 들겠습니까? 아마도 그에게 멸시를 당했다는 생각이 들 것입니다. 하나님께서 우리를 사랑하셔서 주신 축복에 감사하십시오. 그리고 온유한 마음으로 그분을 더욱 사랑하시기 바랍니다. 하나님의 은혜를 받고도 그분을 사랑하지 않는 것은 그분을 무시하는 태도입니다.

군주가 어느 부하를 크게 신뢰해 무기고와 보물 창고의 관리를 맡겼습니다. 그런데 영예를 입은 그 부하가 군주의 창고를 적에게 팔아넘긴다면 이보다 더 사악한 행위는 없을 것입니다. 마찬가지로 하나님께서 주신 귀중한 은혜를 죄를 섬기는 일에 팔아버린 자들이 있습니다. 그들은 자기가 받은 축복을 아예 마귀의 손에 쥐어주기도 합니다. 모두가 끔찍한 죄악입니다.

여로보암 역시 조금도 감사할 줄 모르는 오만불손한 왕이었습니다. 하나님께서는 그를 왕으로 택하시고 세우셨지만, 그는 그분을 말 못 하는 송아지 형상으로 만들어 버렸습니다(왕하 10:29). 변하지 않으시는 하나님을 썩어질 금수의 형상으로 바꾸는 크나큰 무례를 저지른 것입니다. 마찬가지로 애굽에서 탈출한 이스라엘 백성들은 참된 구원자를 등진 채 금붙이로 가증스런 우상을 만들었습니다(출 32:4). 구원의 큰 축복을 남용하여 죄를 저지른 것입니다. 하나님의 보배로운 축복을 받았다면 오직 그분만 사랑하고 섬겨야 합니다. 그 은혜를 가지고 자기 마음대로 우상을 만들어 거기에 영광을 바치는 행위는 몹시 가증스러운 죄악입니다.

이러한 죄들은 '질투하는 하나님'을 더욱 진노하시게 만듭니다. 하나님의 긍휼은 그분이 특별히 귀하게 여기시는 영광스런 성품입니다. 사람이 그분의 긍휼을 받고서도 무시하고 제멋대로 산다면, 하나님은 몹시 마음 아파하실 것입니다.

따라서 은혜를 무시한 죄인들은 가장 무거운 형벌을 받을 수밖에 없습니다. 그 형벌은 그들이 저지른 죄의 사악함만큼이나 고통스러울 것입니다. 회개하지 않은 죄인은 죄의 보상으로 저주를 받습니다. 이는 하나님의 진노하심에 따른 당연한 결과입니다. 심판은 한 번뿐입니다. 그들은 돌이킬 수 없는 하나님의 분노가 불처럼 쏟아지는 것을 보게 될 것입니다(신 29:20). 그 불길은 지옥에서 영원히 타오를 것입니다. 하나님을 거부한 죄인들은 죄가 많이 쌓일수록, 또 그것이 악랄할수록 더 큰 고통을 당하게 됩니다. 사도 바울은 이를 가리켜 "진노의 날 곧 하나님의 의로우신 심판이 나타나는 그 날에 임할 진노를 네게 쌓는도다"(롬 2:5)라고 말했습니다. 하나님의 은혜와 인내하심을 죄지을 기회로 여긴다면, 그만큼 그분의 보응 또한 더욱 무서워질 것입니다.

"그가 얼마나 자기를 영화롭게 하였으며 사치하였든지 그만큼 고통과 애통함으로 갚아 주라"(계 18:7). 이 말씀처럼 바벨론은 지은 죄 만큼의 심판을 받았습니다. 진리를 남용한 자에게 하나님은 그분의 공의로 죗값을 남김없이 받아내십니다. 심판 날에 세상을 사랑했던 자들은 세상의 온갖 좋은 것을 잃게 됩니다. 그날에 하나님의 진노는 걷잡을 수 없는 불길처럼 타오르고, 그들은 그 불길 속으로 떨어질 것입니다.

하나님의 은혜를 심판과 맞바꾸는 것은 참으로 어리석은 일입니다. 그 진노의 불길이 얼마나 뜨거운지 아는 사람은 세상 모든 성공과 즐거움을 줄 테니 거기서 한 시간만 버티라는 제안에 콧방귀를 뀌며 단호히 거절할 것입니다. 하나님께서는 말로 다 할 수 없는 슬픔이 악인들에게 속히 임할 것이라 경고하셨습니다. 그러나 세상에서 부와 성공을 누리는 죄인들은 이 말에 조금도 귀를 기울이려 하지 않습니다. 그들은 어리석고 고집스럽기 때문에 이성도 믿음도 회복되기 어렵습니다. 그들은 지옥의 어둠 속에 갇히고 나서야 자기 죄를 깨달을 것입니다.

4. 죄인의 심판은 우리에게 가르침을 줍니다

죄인들은 어둠에 휩싸인 채 죄의 유혹에 넘어가 그릇된 판단을 내립니다. 멸망이 곧 닥쳐올 텐데도 안일하게 살아가는 사람들이 너무나도 많습니다. 그들은 흥미로운 것에 쉽게 따라가는 어린아이처럼 감각을 자극하는 일이라면 맹목적으로 따라갑니다. 누가 이끄는지 어디로 가는지 깊이 생각해 보지 않습니다. 그들은 사소한 것에도 크게 반응합니다. 평소 공상했던 장면이 꿈에 나오면 현실로 착각하며 매우 기뻐하고, 누군가 핀으로 살짝 건드리면 독사에라도 물린 듯 화들짝 놀랍니다. 이처럼 육신의 즐거움을 좇는 사람들은 일시적인 행복과 불행에 큰 영향을 받으며, 그것들이 영원할 거라 착각합니다.

영혼의 유익을 위해 반드시 어디에 관심을 가져야 하는지 올바로 판단해야 합니다. 현명한 선택과 참된 삶은 모두 올바른 판단에서 비롯됩니다. 우리의 참된 행복은 여기에 달렸습니다. 배가 방향타를 알맞게 조정해야 원하는 곳으로 갈 수 있듯 인간은 의지를 올바로 이끌어야 안전하게 행복에 도달할 수 있습니다. 유혹이 넘쳐나는 세상에서 우리는 시선과 의지를 진리 안에 두어야 합니다. 부와 성공을 남용하는 죄인들을 바라볼 때도 마찬가지입니다. 그들의 소유가 영원한 행복을 줄 거라 착각하지 않으면서 진리를 삶에 적용해야 합니다. 그렇다면 이제 부와 성공에 대해 올바로 인식할 수 있는 몇 가지 원리를 설명하겠습니다.

부와 성공이 하나님의 사랑의 증거는 아닙니다.

일시적인 번영이 하나님의 특별한 은혜를 받았다는 증거는 아닙니다. 군주의 권한이 그의 영토 안에 있는 모든 백성에게 미치

듯, 모든 인간은 하나님의 일반 섭리를 통해 공통된 축복을 누립니다. 그러나 그 밖에도 하나님께서는 원하는 자에게 특별한 축복을 주십니다. 하나는 부와 명예를 비롯한 이생의 온갖 위로와 축복이고, 다른 하나는 신령하고 영적인 축복, 곧 성령의 위로와 은혜입니다. 이 중에서도 성령의 축복은 하나님께서 우리를 사랑하신다는 확실한 증표입니다. 시편 저자는 "여호와여 주의 백성에게 베푸시는 은혜로 나를 기억하시며 주의 구원으로 나를 돌보사"(시 106:4)라고 기도했습니다. 하나님께서 모든 인간에게 부어주시는 공통적인 은혜는 악인에게나 선한 이에게나 차별 없이 주어지지만, 성령의 은혜와 영광을 볼 수 있는 축복은 오직 하나님께서 선택하신 자들만이 누릴 수 있습니다.

형통하다 해서 하나님이 그를 용납하신 것은 아닙니다.

하나님이 허락하신 축복을 정욕의 도구로 바꾸는 사람들이 있습니다. 하나님께서 인내하고 계심에도 불구하고, 안일하게 더 많은 죄를 짓는 자들입니다. 그들의 성공과 부는 하나님의 분노만 자극할 뿐입니다. 성경은 말씀합니다. "주는 모든 행악자를 미워하시며"(시 5:5).

악한 사람들이 죗값을 치르기는커녕 도리어 형통할 수 있습니다. 그러나 하나님께서 이를 묵인하신다고 생각하지 않기를 바랍니다. 하나님께서 그들의 죄에 진노하지 않으신다거나, 그들을 쉽게 용서하신 것은 결단코 아닙니다. 사람들은 악인의 형통함을 보면서 무의식적으로 하나님이 죄를 용인하신다고 생각하고는 합니다. 이런 생각은 그들로 온갖 추악한 죄를 짓게 만듭니다. 마치 몸 전체에 따뜻한 혈액을 공급하는 심장이 차갑게 식어버린 것과 같습니다. 그러나 하나님께서는 반역을 일삼는 죄인들을 향한 공의의 심판을 잠시 미뤄두셨을 뿐입니다. 하나님은 이렇게 말씀하십니다. "네가 이 일을 행하여도 내가 잠잠하였더니 네가 나를 너와 같은 줄로 생각하였도다"(시 50:21).

하나님이 오래 참으신다고 해서 죄를 용서받았다고 여긴다면 엄청난 착각입니다. 이것은 마치 하나님을 거역하고 죄를 사랑한 것은 모두 그분의 인내 때문이라고 우기는 것과 같습니다. 죄를 지어도 하나님께서 잠잠하셨기 때문에 괜찮은 줄 알았다는 말은 핑계에 지나지 않습니다. 의롭고 거룩하신 하나님을 닮아가지 않는다면 그분은 결코 기뻐하지 않으십니다. 하나님께서는 잠시 형벌을 미루셨을 뿐 분명히 죄를 미워하십니다. 하나님의 공의는 그분의 인내만큼이나 완전합니다. 두 가지 모두 하나님의 동일한 성품입니다.

"여호와는 노하기를 더디하시며 권능이 크시며 벌 받을 자를 결코 내버려두지 아니하시느니라"(나 1:3).

"만일 하나님이 … 멸하기로 준비된 진노의 그릇을 오래 참으심으로 관용하시고"(롬 9:22).

죄인들은 뻔뻔하게도 죽기 전에 회개하면 된다고 생각합니다. 그래서 강퍅한 마음으로 대담하게 죄를 짓습니다. 그러나 성경은 말씀합니다. "그들이 바람을 심고 광풍을 거둘 것이라"(호 8:7).

악인의 형통은 확실한 심판의 증거입니다.

악인들이 번영한다고 해서 하나님이 그들을 사랑하신다고 볼 수 없습니다. 악인들의 형통함은 무서운 저주 위에 얇게 발린 달콤함과 같습니다. 잠깐의 단맛은 곧 사라지고 그들은 결국 돌이킬 수 없는 파멸을 맛보게 될 것입니다. 따라서 악인의 번영은 하나님의 축복보다는 분노의 징표에 더 가깝습니다. 세상에서 부와 성공을 경험한 사람은 쉽게 하나님 나라와 영혼의 존재, 영원한 삶에 점점 무관심해집니다. 그러다 보면 그들의 사악함과 악행은 개선이 불가능할 정도로 심각해지고, 타락은 회복할 수 없는 지경에 이를 것입니다. 이런 사람은 점점 더 안일해져 결국에는 멸망을 자초합니다.

선지자 이사야는 악인들이 받을 심판에 대해 "여호와께서 깊이 잠들게 하는 영을 너희에게 부어 주사"(사 29:10)라고 말했습니다. 죄인들로 하여금 자기 죄와 재앙의 위험을 전혀 의식하지 못하게 하실 것이라는 말씀입니다. 부를 남용하며 하나님을 분노하시게 한 악인에게는 심판이 임할 것입니다. 이것은 가장 큰 죄책이 따르는 죄, 곧 하나님의 분노를 가장 크게 격발시킨 죄에 대한 형벌입니다. 이 심판은 오직 그분의 원수에게만 주어지며, 하나님의 자녀들은 거기서 제외됩니다. 다른 심판의 경우 하나님께서는 죄인들에게 슬픔과 고통을 안겨 주시면서도 종종 그들을 불쌍히 여기시지만, 이 심판의 경우 오직 불같은 진노만 드러내십니다.

간단히 말해 악인의 형통은 하나님께서 그들에게 혹독한 정의의 심판을 내리기로 작정하셨다는 뜻입니다. 이 심판은 악인을 가차 없이 징벌하고 확실하게 단죄할 것입니다.

세상에서 형통을 누리는 죄인을 긍휼히 여기십시오.

세상에서 부를 쌓고 그것으로 일평생 정욕만 채우는 사람들이 있습니다. 그들은 자기의 기쁨에만 집중하고 잠깐의 거짓 행복에 취해 즐거워합니다. 그런 사람들을 향해 시편 저자는 이렇게 말했습니다. "그가 비록 생시에 자기를 축하하며 스스로 좋게 함으로 사람들에게 칭찬을 받을지라도 … 영원히 빛을 보지 못하리로다"(시 49:16-19). 부를 누리며 허영심에 찬 사람들은 예수님과는 완전히 다른 생각을 갖습니다. 중요한 점은 인간의 영원한 운명은 바로 예수님께 달려있다는 것입니다. 예수님께서는 헛된 생각에 빠진 죄인들에게 이렇게 말씀하십니다.

"그러나 화 있을진저 너희 부요한 자여 너희는 너희의 위로를 이미 받았도다 화 있을진저 너희 지금 배부른 자여 너희는 주리리로다 화 있을진저 너희 지금 웃는 자여 너희가 애통하며 울리로다"(눅 6:24, 25).

부와 권력과 명예를 얻는다면 이 모든 것을 영원한 행복을 위해 사용해야 합니다. 하지만 형통한 사람 중에는 현세의 성공이 얼마나 덧없는지 알지 못하는 자들이 많습니다. 그들은 잠깐뿐인 세상에서 어떻게 살아가야 하는지 모릅니다. 시편 저자는 "존귀하나 깨닫지 못하는 사람은 멸망하는 짐승 같"(시 49:20)다고 말합니다. 그런 사람은 어리석게도 파멸이 다가옴을 의식하지 못합니다. 짐승을 희생 제물로 삼을 때를 생각해 보십시오. 그 머리에 화관을 씌우고 뿔을 치장해 줍니다. 세상의 부를 누리는 자들은 바로 이 짐승과 같습니다. 그들은 아무 것도 모른 채 쾌락을 누리며 안일하게 살지만 머지않아 모든 재물과 권력을 잃고 어두운 저주 속으로 들어갈 것입니다. 가시나무를 태우면 순간적으로 불길이 확 일어났다가 이내 죽어버립니다. 그래서 "우매한 자들의 웃음 소리는 솥 밑에서 가시나무가 타는 소리 같"(전 7:6)다고 하는 것입니다. 그들에게 죽음은 영원한 슬픔으로 입장하는 문과 같습니다.

시편 저자는 이러한 악인들을 향해 저주하며 기도했습니다. "그들의 길을 어둡고 미끄럽게 하시며 여호와의 천사가 그들을 뒤쫓게 하소서"(시 35:6). 부를 누리며 악을 저지르는 사람들은 마치 캄캄한 곳을 달리다 구덩이에 빠진 것과 같습니다. 그들은 재물과 정욕에 이끌려 제 발로 어둠 속에 걸어 들어갔기 때문에 주위가 온통 가파른 절벽인 것을 보지 못합니다. 어둠 속은 온갖 유혹으로 미끄럽습니다. 악인들은 그 속에서 아주 쉽게 넘어지며 스스로를 더럽히고 상처를 입습니다.

그들의 운명은 이처럼 비참합니다. 겉보기에는 세상을 마음껏 즐기는 것처럼 보이지만 그것조차도 비참하기 짝이 없습니다. 부를 제멋대로 남용하며 살수록 하나님의 진노와 장차 당할 고통만 점점 더해지기 때문입니다. 그들의 즐거움은 살얼음판처럼 얇고 위험합니다. 그 밑에는 끔찍한 지옥이 입을 활짝 벌리고 기다립니다. 언제라도 그 심연에 빠질 수 있습니다. 그러나 세상에서 슬픔을 당하는 성도들은 도리어 기뻐할 수 있습니다. "너희 생명이 그리스도와 함께 하나님 안에 감추어졌음이라"(골 3:3)는 사도 바울의 말처럼, 그들은 그리스도께서 재림하실 때 영원한 생명을 얻게 될 것입니다.

각기 다른 두 부류의 사람이 앞으로 어떤 운명을 맞이할지 현재는 눈에 잘 보이지 않습니다. 하지만 마지막 날 심판대에서 모든 것은 밝히 드러날 것입니다. 따라서 경건하고 현명한 그리스도인은 부를 누리는 죄인이 세상에서 가장 불쌍하다는 사실을 헤아릴 수 있습니다. 그들은 원수가 속삭이는 유혹에 흔들리지 않기에 장차 위험이 임할 것이란 걱정도 하지 않습니다. 반면 세상에서 번영을 누리는 악인들은 끔찍한 사망을 맞을 것입니다.

경건한 그리스도인이라면 부와 쾌락에 현혹되어 마음이 강퍅해진 죄인들을 불쌍히 여기고 그들을 위해 "모든 영의 아버지"(히 12:9)께 간절히 기도해야 합니다. 죄인들이 당할 저주를 생각하면 기도에 대한 책임감을 느끼지 않을 수 없습니다. 하나님께서 은혜를 베푸시면 능치 못할 일이 없습니다. 이를 아는 성도는 타락한 영혼들이 멸망하지 않도록 회복시켜 달라고 간구할 것입니다. 죄인들이 당할 무서운 심판을 생각해 보십시오. 그리고 우리 안의 거룩한 사랑으로 그들을 불쌍히 여기고 안타까운 마음으로 기도하시기 바랍니다.

고난에 대한 올바른 관점을 지니십시오.

고난과 시련은 부와 성공으로 부패한 죄인을 다시 하나님께 돌아오도록 회복시키는 은혜의 섭리입니다.

많은 사람들은 감각의 판단에 모든 것을 맡깁니다. 물론 감각은 육체를 보호하지만 항상 정확한 판단으로 우리 몸에 유익을 주지는 않습니다. 예를 들어 욕망이나 혐오는 매우 해로운 결과를 가져올 수 있습니다. 몸이 아픈 아이가 쓴맛이 싫다고 약을 먹지 않으면 어떻게 되겠습니까? 미각을 즐겁게 한다고 해서 그 음식이 건강에 좋은 것도 아닙니다.

감각은 특히 영혼의 유익을 판단하는 데는 더더욱 무능합니다. 그러기에 이성을 거부하고 그릇되기 쉬운 감각의 판단을 기준으로 삼는다면 고난은 불행으로, 부와 성공은 행복으로 여기는 잘못을 저지를 수밖에 없습니다. 전도서의 지혜자는 자신의 경험을 통해 얻은 교훈을 다음과 같이 나눕니다.

"초상집에 가는 것이 잔칫집에 가는 것보다 나으니 모든 사람의 끝이 이와 같이 됨이라 산 자는 이것을 그의 마음에 둘지어다 슬픔이 웃음보다 나음은 얼굴에 근심하는 것이 마음에 유익하기 때문이니라 지혜자의 마음은 초상집에 있으되 우매한 자의 마음은 혼인집에 있느니라"(전 7:2-4).

포도주는 아름다운 빛깔과 풍미를 지니고 있어서 사람의 감각을 충족시켜줍니다. 그래서 사람들은 목이 마르지 않아도 포도주를 마십니다. 감각이 충족되면 욕망을 자극하기 때문에 사람들은 점차 무절제하게 포도주를 마시고, 그로 인한 수도 없는 불행을 자초합니다. 세상에서의 부와 쾌락이 이와 같습니다. 겉으로는 즐거워 보이지만 실상은 천박하기 짝이 없습니다. 감각이 이 천박한 쾌락을 받아들이면 욕망은 들끓기 시작합니다. 그리고 마침내 영혼에 치명적인 해를 입히고야 맙니다. 부는 일시적인 행복감을 줄 수 있습니다. 그러나 영원한 평안에는 무관심하게 만들고, 구원을 위해 필요한 일을 하지 못하도록 만듭니다. 세상에서 부와 성공을 누리면 관심사가 너무 다양해져서 죄의 비참한 결과를 생각할 겨를이 없습니다.

모든 인간은 죄인이지만, 양심의 가책이나 깨달음, 구원을 바라는 마음이 전혀 없을 만큼 악한 사람은 없습니다. 발람은 자기가 탄 나귀보다도 어리석은 사람이었지만, 그런 그조차도 천국을 소망하며 이렇게 말했습니다. "나는 의인의 죽음을 죽기 원하며 나의 종말이 그와 같기를 바라노라"(민 23:10). 하지만 일말의 양심과 깨달음이 있다 하더라도 육신의 정욕과 비교하면 너무나도 미약하고 변덕스러운 것입니다. 부와 성공으로 정욕을 채우는 사람은 천국에 대한 소망을 가질 수는 있지만 금세 잊어버리고 맙니다.

'독으로 독을 다스린다'는 말이 있습니다. 이 말은 우리 영혼에도 적용됩니다. 마귀는 죄와 쾌락으로 인간의 영혼을 잔인하게 파괴합니다. 하지만 지혜로운 의사이신 하나님께서는 쓰디쓴 시련으로 죄인을 회복시켜 주십니다. 이처럼 고난은 타락한 영혼에게 축복이 됩니다. 죄의 독소를 제거하는 데 고난의 독만큼 효과적인 약은 없을 것입니다.

평소 시끄러운 세상에 정신이 팔렸던 사람도 시련을 만나면 세상에 대한 관심이 끊어집니다. 그러면서 자신의 마음 상태를 살피게 되고, 그때 정욕에 억눌렸던 양심이 되살아나 큰소리로 부르짖기 시작합니다. 이처럼 고난은 우리로 하여금 마땅히 생각해야 할 것을 생각하도록 독려합니다. 고난은 완고한 죄인에게도 무엇을 두려워해야 하는지 일깨워 줄 수 있습니다. 하나님의 심판을 생각할 때 죄의 끔찍한 결과를 두려워하게 됩니다. 이 세상에서 슬픔을 경험한 사람은 죽음 이후를 생각하며 그간의 어리석은 선택들을 반복하지 않습니다. 이처럼 고난은 헛된 것을 좇던 욕망을 잠재우고 진리를 깨닫게 합니다. "너희 죄가 반드시 너희를 찾아낼 줄 알라"(민 32:23)는 말씀처럼, 고난을 당하는 동안 우리는 죄를 깨닫고 회개하고 또한 죄를 미워하게 됩니다.

따라서 그 유익을 아는 사람은 고난을 하나님의 특별한 은혜로 받아들입니다. 그래서 더욱 감사하며 인내할 수 있습니다. 그리스도께서는 "무릇 내가 사랑하는 자를 책망하여 징계하노니 그러므로 네가 열심을 내라 회개하라"(계 3:19)고 말씀하셨습니다. 직접적으로 눈에 보이지는 않지만, 하나님께서는 우리에게 큰 은혜와 긍휼을 베풀고 계십니다. 고난은 하나님의 사랑을 입은 자들이 누리는 특권입니다. 하나님을 모르고 어둠에 살아가는 이방인들조차도 희미하게나마 이 사실을 알고 있습니다. 그리스도인들은 성경을 통해 더욱 분명하게 알 수 있습니다. "주께서 그 사랑하시는 자를 징계하시고 그가 받아들이시는 아들마다 채찍질하심이라"(히 12:6).

죄인들이 하나님의 진노를 전혀 의식하지 않을 때가 하나님께서 가장 크게 노하시는 순간입니다. 그분은 반역을 일삼는 유대인들을 향해 "그리한즉 나는 네게 대한 내 분노가 그치며 내 질투가 네게서 떠나고 마음이 평안하여 다시는 노하지 아니하리라"(겔 16:42)고 경고하셨습니다. 이 말씀은 우상 숭배로 더러워진 그들을 더 이상 바로 잡으려고 애쓰지 않고 완전히 버리시겠다는 마지막 작별 선언입니다. 죄인들의 마음이 불로도 녹이거나 정화될 수 없을 만큼 강퍅하고 더러워지면, 하나님께서는 그들에게 징계조차 허락하지 않으십니다.

징계는 자녀만이 받는 것입니다. 하나님께서는 징계의 회초리로 아버지의 사랑을 보여주십니다. 고난을 통해 다시 하나님을 만난 죄인들은 자신이 양자(養子)로 받아들여졌다는 확신을 가지고 은혜의 보좌 앞에 나아갑니다. 고난을 당한 사람은 세상에 대한 미련을 버리고 천국을 더욱 소망합니다. 눈에 보이는 것에 이끌리지 않고, 보이지 않는 영적인 가치들을 훨씬 귀하게 여깁니다. 부와 성공을 누리는 동안에는 정욕이 싹트고 무성했지만, 고난 이후에는 모두 시들어 없어집니다. 세상에서 부와 성공을 좇을 때는 하나님을 잊고 살았지만, 그분의 징계를 통해 다시 하나님의 위엄을 깨닫습니다. 또한 그분의 말씀에 순종하며 거룩하심을 본받고, 겸손히 그분의 긍휼을 받아들이게 됩니다.

고난은 감각적인 욕망을 잠재워 제자리를 지키게 만듭니다. 욕망이 차분히 가라앉을 때 우리는 유혹에 이끌리지 않으며, 비로소 파멸을 피합니다. 병에 걸려 죽음이 임박했다고 생각해 보십시오. 자신이 얼마나 연약하게 느껴지겠습니까? 또 죽음 앞에서 세상은 얼마나 하찮게 보이겠습니까? 고난은, 온전하고 영원한 기쁨을 누리기 위한 준비 과정과 같습니다. 고난을 통해 거룩함을 회복하면 장차 하나님의 복되신 임재 안에서 영원히 즐거워할 것입니다. 그리스도로부터 가장 먼저 낙원의 안식을 약속받은 사람은 십자가 형틀 위의 강도였다는 사실을 기억하십시오.

형통이든 고난이든 세상은 잠깐입니다.

세상에서 형통하다 해서 하나님의 은혜 아래 있는 것은 아닙니다. 마찬가지로 고난을 당한다고 해서 그분의 진노 아래 있는 것도 아닙니다. 감각으로 모든 걸 속단하지 말고, 항상 진지하게 깊이 생각하며 올바로 판단하시기 바랍니다. 악인들의 번영이나 경건한 성도의 고난을 보며 실족하지 말고, 오직 성경에 계시된 하나님의 완전한 지혜로 우리의 생각을 잘 다스려야 합니다. 하나님께서 세상의 즐거움을 빼앗으실 때, 그분의 축복을 거두시는 듯한 순간에도 그분은 여전히 우리를 사랑하십니다. 만약 하나님께서 무섭게 진노하셨다면 정욕을 마음껏 즐기도록 내버려 두셨을 것입니다.

  이 세상에는 부와 성공으로 기쁨을 누리는 죄인들과 고난을 당하는 성도들이 있습니다. 둘의 운명이 완전히, 영원히 뒤바뀔 날이 멀지 않았습니다. "주께는 하루가 천 년 같고 천 년이 하루 같다는 이 한 가지를 잊지 말라"(벧후 3:8). 하나님의 관점에서 보면 세상과 인류의 역사는 고작 일주일도 못 될 것입니다. '긍휼의 그릇'은 성화의 가마에서 불을 통과하며 영광스럽게 변화될 것입니다. 하나님께서는 "멸하기로 준비된 진노의 그릇을 오래 참으심으로" 관용하신다는 사실을 기억하십시오(롬 9:22-24 참조).

"청년이여 네 어린 때를 즐거워하며
네 청년의 날들을 마음에 기뻐하여
마음에 원하는 길들과 네 눈이 보는 대로 행하라
그러나 하나님이 이 모든 일로 말미암아
너를 심판하실 줄 알라"

(전 11:9).

5장. 어떻게 바로 서는가?

부와 성공 앞에 지혜로운 자가 되십시오

우리는 부와 성공에 흔히 따르는 재앙을 피하고, 영혼의 유익을 위해 신중히 활용해야 합니다. 물론 부와 성공이 모든 사람을 부패시키는 것은 아닙니다. 부와 명예와 권력이 있는 사람도 얼마든지 참된 신자가 될 수 있습니다. 나아가 그들이 부와 성공을 하나님의 선물로 받아들이고 그분의 영광과 이웃들을 위해 사용한다면 크고 유익한 영향력을 발휘할 것입니다.

세상에서 성공을 거뒀다고 우쭐해 할 필요도, 고난을 당한다고 상심할 이유도 없습니다. 지혜로운 사람은 언제나 동일하신 하나님을 닮아 어느 때나 평온을 유지합니다. 이런 태도는 오직 하늘의 학교에서만 배울 수 있는 고귀한 지혜입니다. 그들은 행복과 불행, 기쁨과 슬픔, 풍요와 빈곤 가운데서 어느 쪽에 치우든지 흔들림이 없습니다. 사도 바울은 이 고귀한 지혜를 가졌기 때문에 순전하게 고백할 수 있었습니다. "나는 비천에 처할 줄도 알고 풍부에 처할 줄도 알아 모든 일 곧 배부름과 배고픔과 풍부와 궁핍에도 처할 줄 아는 일체의 비결을 배웠노라"(빌 4:12).

풍요로운 시절에는 가난했을 때보다 더 자신을 다스리기 어려울 수 있습니다. 고대 카르타고의 한니발 장군은 고되고 힘든 싸움에서는 승리했지만 쾌락의 유혹 앞에서는 무릎을 꿇었습니다. 그런 실수를 하는 사람이 얼마나 많은지 모릅니다. 로마의 어떤 무덤에서는 오랜 세월 꺼지지 않고 타오른 등불들이 발견되었는데, 그것은 무덤이 비좁았기 때문에 가능한 일이었습니다. 그 등불이 풍성한 공기에 노출되었다면 즉시 빛을 잃었을 것입니다. 이처럼 선한 의지는 유혹이나 시련이 없을 때는 쉽게 발휘되지만, 세상에 노출되면 곧 힘을 잃고 그 빛은 사라지고 맙니다.

다윗조차도 세상의 부와 성공을 누릴 때 경건함을 잃었습니다. 여호사밧에 대한 하나님의 말씀에서 "이는 그가 그의 조상 다윗의 처음 길로 행하여"(대하 17:3, 4)라는 부분은 다윗이 고난을 겪던 시절과 왕위에 오르고 난 뒤의 태도가 달라졌음을 암시합니다.

지키기 어려울수록 믿음은 그 진가를 드러냅니다. 욕망을 자극하는 부와 명예와 권력 속에서도 거룩한 태도를 유지할 수 있다면 그는 진리와 은혜의 능력, 경건함과 정직함과 그리스도의 관대한 정신을 확실히 깨달았다는 증거입니다. 물론 생활이 힘들 때도 겸손함과 신중함을 유지하는 일은 어렵습니다. 그러나 많은 부와 명예를 가졌을 때 진심으로 겸손하기란 더욱 어려운 법입니다. 그럴 수 있다면 그는 허울 좋은 품위를 드러내는 사람보다 더욱 돋보일 것입니다.

굶주림과 가난에 시달릴 때는 선택의 여지 없이 상황 때문에 절제하는 경우도 많습니다. 그러나 빛깔 좋은 포도주와 산해진미가 풍성할 때 욕망을 자극하는 온갖 유혹 앞에서 절제하려면 더욱 굳은 의지가 필요합니다. 고난을 당한 사람이 세상을 멀리하고 경건하게 지낸다는 이야기는 익숙하게 들려오지만, 부와 권세를 누리는 사람이 세상의 즐거움을 멀리한 채 진지한 믿음을 유지한다는 이야기는 듣기 어렵습니다.

아라비아에서 나는 진귀한 물건 중에 향기로운 수액이 있습니다. 나무껍질을 벗길 때 흘러나오는 순수한 액체인데, 향수보다 향기와 가치가 훨씬 뛰어납니다. 축복을 누리는 사람이 하나님께 감사와 사랑을 드리며 자발적으로 복종하는 일은 향기로운 수액처럼 참으로 순전하고 보배롭습니다. 주님의 뜻에 따를 수밖에 없는 상황에 몰리고 나서야 비로소 복종하는 것보다 더 향기롭고 귀한 믿음입니다.

부와 성공은 올바른 방법으로 활용할 때 진정한 축복이 될 수 있습니다. 하나님의 사랑은 우리가 어떤 고난도 능히 이기도록 하고, 식탁에 푸성귀만 놓였어도 천국의 식물을 대하듯 감사하게 해줍니다. 하나님의 사랑은 세상에서 누리는 일시적인 행복에도 생명이 넘치도록 만듭니다. 하나님이 주신 선물을 통해 그분의 사랑을 경험할 때 순수하게 기뻐할 수 있습니다.

형통할 때 하나님의 영광을 위해 헌신하고 그분께 즐겨 복종한다면, 그것은 하나님께 특별한 은혜를 받았다는 확실한 증거입니다. 우리의 영원한 행복을 위해 부와 성공을 활용할 수 있도록 몇 가지 지침을 설명하겠습니다.

1. 먼저 자기 연약함과 악한 본성을 겸손히 인정하십시오

"지극히 존귀하며 영원히 거하시며 거룩하다 이름하는"(사 57:15) 하나님 앞에서 우리는 모두 겸손해야 합니다. 하지만 세상에서 형통하면 마음이 교만해지기 쉽습니다. 뿐만 아니라 스스로에게 높은 가치를 두고 하나님처럼 주권을 행사하려 합니다. 그런 사람들은 자신이 언젠가 하나님의 공의에 의해 심판을 받게 된다는 걸 알지 못합니다. 그들을 둘러싼 허영의 안개는 참다운 자기 자신을 보지 못하도록 만듭니다. 이로 인해 진노하신 하나님께서는 그들이 부를 누리며 안일해졌을 때 징벌을 내리십니다. 그리고 그들의 교만이 얼마나 부질없는 것에서 비롯되었는지 일깨워 주십니다. "그들을 두렵게 하시며 … 자기는 인생일 뿐인 줄 알게"(시 9:20) 하십니다.

하나님께서 인간의 헛된 생각과 교만한 마음을 다스리시는데도 여전히 잠깐뿐인 쾌락에 도취해 오만해지는 사람들이 있습니다. 참으로 이해할 수 없는 일입니다. 하늘에서 빛나는 하나님의 영광을 묵상하던 시편 저자는 높으신 하나님이 스스로를 낮춰 그 선하심을 드러내신 것에 탄복했습니다. 그는 이렇게 고백합니다. "사람이 무엇이기에 주께서 그를 생각하시며 인자가 무엇이기에 주께서 그를 돌보시나이까"(시 8:3, 4).

인간은 가장 낮은 요소인 흙으로 지어졌습니다. 그럼에도 전적인 하나님의 은혜로 자기의 부족함을 채울 수 있는 소유를 얻었습니다. 다른 이들보다 더 많은 풍요를 누린다는 것은 주께 받은 은혜가 더 크다는 말입니다. 다시 말해 그만큼 책임도 큽니다. 이처럼 많은 빚을 진 사람이 교만한 마음을 품는 것은 가당치 않습니다. 인간들이나 신분 또는 재산으로 사람을 구별하지, 하나님 앞에서는 모두가 비천한 죄인이요 크게 빚진 자입니다.

세상에서 얻은 소유로는 인간의 고유한 가치를 결정할 수 없습니다. 하나님께 더 인정받을 수 있는 것도 아닙니다. 가난한 나사로는 비참한 거지였습니다. 그의 육신은 병으로 썩어 문드러졌지만 그 속에는 여전히 보배로운 영혼이 빛나고 있었습니다. 나사로가 죽자 천사들이 하늘에서 내려와 그의 영혼을 이끌고 영광스런 하나님 앞에 나아갔습니다. 그러나 부자는 어땠습니까? 그는 지옥에 던져졌습니다.

이 세상은 불확실합니다. 사람들이 우러러 보는 것들도 언제 어떻게 변할지 모릅니다. 세상에서 부를 얻는 것은 언제 폭풍우로 난파될지 모르는 망망대해를 건너는 것과 같습니다. 언제 없어질지 모르는 재산을 가졌는데 그를 진정한 부자라 할 수 있을까요? 이렇게 생각하면 형통할 때도 겸손을 유지할 수 있습니다.

야고보는 세상에서 부와 성공을 거둔 사람들에게 이렇게 조언했습니다. "부한 자는 자기의 낮아짐을 자랑할지니 이는 그가 풀의 꽃과 같이 지나감이라"(약 1:9, 10). 꽃의 화려함은 곧 사라지고 맙니다. 한때 부귀영화를 누리다가 예기치 못한 일로 비천하게 전락한 사람이 얼마나 많습니까? 엄청난 부와 쾌락을 한껏 누리다가 사막처럼 황량해진 사람들 또한 한둘이 아닙니다. 한낱 그림자에 지나지 않는 것을 흠모하는 것, 일시적인 허영심을 좇고 자랑하는 것은 모두 우리의 이성에 대한 모욕과 다름없습니다.

항상 풍요를 누려온 사람들도 마찬가지입니다. 과연 그들이 풍요하다고 자기 육체를 질병과 죽음으로부터 온전히 보호할 수 있겠습니까? 극심한 슬픔으로부터 자기 영혼을 지킬 수 있을까요? 세상이 아무리 위대하다 해도 가장 큰 재앙을 막기에는 충분치 못합니다. 그런데도 소유와 지위 따위를 자랑한다면 참으로 어리석은 일이 아닐 수 없습니다.

순교자 후퍼 주교는 "주님, 저는 지옥이고 주님은 천국이십니다. 저는 죄의 시궁창이고 주님은 거룩함의 근원이십니다"라고 고백했습니다. 죄의 지배를 받고 있음을 안다면 스스로가 너무나도 비천하고 수치스럽게 느껴질 것입니다. 하나님께서 우리에게 은혜롭고 관대하실수록 우리는 자기의 더러움을 더욱 분명하게 의식해야 합니다.

겸손은 풍요로운 상황에서 우리의 타고난 가난을 깨우쳐 주고, 찬란한 영예를 누리는 가운데 우리의 비천함을 일깨워 줍니다.

사실 우리 모두가 진실로 소유했다고 말할 수 있는 것은 오직 죄와 비참함밖에 없습니다. 겸손한 그리스도인은 "나는 하나님이 주실 수 있는 가장 작은 은혜도 받을 자격이 없습니다"라고 고백할 수밖에 없습니다.

겸손한 마음이 클수록 그 영혼 안에는 천국이 더욱 놀랍게 임합니다. 겸손한 태도는 영혼에 성령의 은혜와 위로가 넘치도록 도와줍니다. "교만한 자를 물리치시고 겸손한 자에게 은혜를 주신다"(약 4:6)는 말씀을 기억하십시오. 그분은 자기 스스로를 높이는 교만한 사람을 대적하시고 혐오하십니다. 세상에서 풍요를 누린다고 해서 자기를 높이며 오만하게 행동하는 사람에게 하나님께서는 영적인 참된 축복을 허락하지 않으실 것입니다. 그분의 축복을 누리려면 먼저 자신이 부족하고 무가치한 존재라는 것을 똑바로 인식해야 합니다.

2. 항상 온유한 성품을 유지하십시오

겸손과 온유는 항상 짝을 이룹니다. 하나님도 사람도 이 두 가지 덕을 귀하고 사랑스럽게 여깁니다. "온유하고 안정한 심령의 … 하나님 앞에 값진 것이니라"(벧전 3:4). 예수 그리스도 안에서 영광스럽게 빛났던 온유함은 우리 또한 아름답게 만드는 귀한 보화입니다. 온전하신 그분을 우리는 마땅히 본받고 따라야 합니다. "나는 마음이 온유하고 겸손하니 … 내게 배우라"(마 11:29). 주님은 왕으로 이 땅에 오셨지만 누구보다 겸손하셨습니다. 성경은 그분을 이렇게 묘사합니다. "시온의 딸아 크게 기뻐할지어다 … 보라 네 왕이 네게 임하시나니 그는 공의로우시며 구원을 베푸시며 겸손하여서 나귀를 타시나니"(슥 9:9). 온유함으로 다스리시는 예수님을 왕으로 모신 것을 기뻐하십시오. 주께서는 그분을 따르는 그리스도인들에게 명령하셨습니다. "범사에 온유함을 모든 사람에게 나타낼 것을 기억하게 하라"(딛 3:2).

지위가 높을수록 이 명령을 잘 지킬 필요가 있습니다. 세상에서 부와 성공을 누리는 사람은 편협하고 거만한 태도를 보이기 쉽고, 자기보다 못하다고 여기는 사람에게 무례한 경향이 있기 때문입니다. 많은 부와 권세를 가졌다면 누구보다 온유한 성품을 지니십시오. 그렇다면 누군가에게서 상처를 받더라도 쉽게 노하지 않고 도리어 용서를 베풀 수 있습니다. 온유함은 말과 행동으로 나타납니다. 특히 영적 권위자나 충직한 친구가 죄를 책망했을 때 온유한 사람은 그 말을 겸손히 받아들입니다.

부와 명예가 죄를 위한 성역이 되지 않도록 주의하십시오. 어떤 사람은 부와 권세를 얻으면 어떤 책망에도 자유로울 수 있을 거라 착각합니다. 그래서 의롭고 엄격한 질책을 들어도 무시하고, 나는 힘이 있으니 무슨 짓을 해도 괜찮다고 생각합니다. 온유한 사람은 하나님의 권위에 겸손히 복종하고, 조언과 책망 속에서 영혼을 아끼는 마음을 발견합니다. 그러므로 온유한 성품을 지니면 부와 성공으로 인한 죄의 위험을 미리 막을 수 있습니다.

3. 하나님께 깊이 감사하며 헌신하십시오

겸손하고 온유한 사람은 삶이 형통하면 자연스럽게 하나님께 감사를 드립니다. 감사는 겸손의 징표와 같습니다. 교만한 사람은 하나님의 은혜를 인정하려 들지 않습니다. 우리가 매 순간 숨을 쉬는 것처럼 우리를 날마다 새롭게 하시며 은혜를 베푸시는 하나님은 모든 감사를 받으시기에 합당한 분이십니다. 그러나 세상에서 부와 권세를 누리는 사람들은 특히 은혜를 모르는 경우가 많습니다. 그들은 하나님께 감사하는 일을 소홀히 여깁니다. 하나님께서는 이스라엘 백성에게 감사를 잊지 말라고 경고하셨습니다.

"네게 배불리 먹게 하실 때에 … 여호와를 잊지 말고"(신 6:10-12).

"네가 먹어서 배부르고 아름다운 집을 짓고 거주하게 되며 … 네 마음이 교만하여 네 하나님 여호와를 잊어버릴까 염려하노라"(신 8:12-14).

"그들이 먹여 준 대로 배가 불렀고 배가 부르니 그들의 마음이 교만하여 이로 말미암아 나를 잊었느니라"(호 13:6).

위의 말씀은 이스라엘 백성이 부요해졌을 때 어떤 태도를 가졌는지 보여줍니다. 육신적인 마음은 하나님의 은혜에 감사할 줄 모릅니다. 고난을 당할 때 드리는 기도는 필요에 의한 것입니다. 이와 달리 감사의 찬양은 마땅히 행해야 할 의무입니다. 이 찬양은 하나님을 향한 거룩한 사랑에서 비롯됩니다.

다윗 또한 영혼을 일깨워 더욱 감사하려고 노력했습니다. "내 영혼아 여호와를 송축하라 내 속에 있는 것들아 다 그의 거룩한 이름을 송축하라 내 영혼아 여호와를 송축하며 그의 모든 은택을 잊지 말지어다"(시 103:1, 2). 다윗은 자기 영혼이 열정을 회복하도록 거듭해서 노력을 기울였습니다. 왕이 된 후 자신에게서 안일함과 나태함을 발견했기 때문입니다.

감사는 우리 영혼이 담당하는 의무입니다. 영혼은 하나님의 선하심을 보고 어떻게 반응해야 하는지 압니다. 우리의 마음과 영혼에 감사가 차오를 때 우리는 입술로 찬양을 드리며 이를 표현

합니다(시 34:2 참조). 우리 몸과 마음은 마치 시곗바늘과 톱니바퀴 같아서 서로를 움직이는 자연스런 관계를 맺고 있습니다. 물론 영혼이 육체보다 더 큰 역할을 합니다. 오직 영혼만이 마음의 창조주요 감찰자요 또 재판관이신 하나님을 인정하며 받아들이기 때문입니다. 그렇기 때문에 다윗은 자기 영혼과 속에 있는 모든 것들을 불러내며 하나님을 찬양하도록 일으킨 것입니다. 생각과 이성이 주께 감사드려야 할 이유를 이해하면, 감정과 의지가 일어나 하나님의 선하심을 찬양하고 영광을 돌립니다. 우리가 하나님께서 베푸신 은혜를 기억하면, 우리의 감정과 의지와 영혼으로 그분을 더욱 사랑하게 될 것입니다.

감사의 바른 태도는 입술로 하나님의 은혜를 크게 높이고, 마음으로 그분을 깊이 인정하는 것입니다. 무엇인가 필요할 때 열정적으로 기도했던 것처럼 감사를 드릴 때도 그와 같은 열정을 기울이십시오. 또 특별한 은혜만이 아니라 평범하고 일상적인 은혜에도 감사해야 합니다. 원한은 돌에 새기고 은혜는 물에 새긴다는 말이 있듯이, 인간은 은혜를 쉽게 망각합니다. 따라서 하나님의 은혜를 매일 되새기며 찬양을 드리십시오. 그 은혜가 오래 기억되도록 할 필요가 있습니다.

감사는 하나님의 은혜를 가치대로 인정하는 것입니다. 그러려면 베푸시는 분, 즉 하나님을 묵상해야 합니다. 작은 부분이라 해도 하나님이 베푸시는 은혜는 언제나 가장 귀합니다. 어떤 죄는 비교적 사소하게 보이지만, 죄는 위대하신 하나님을 대적하는 것이기에 본질적으로 작은 죄란 존재하지 않습니다. 은혜도 그렇습니다. 느끼기에 따라 탁월한 은혜와 평범한 은혜로 나눌지 모르겠지만, 그것을 베푸시는 하나님을 생각하면 무엇이든 위대하기 그지없습니다. 은혜를 존중하고 감사하는 것은 우리의 무가치함을 의식하는 마음과 비례합니다. 가난한 심령으로, 우리에게는 하나님의 축복을 받을 공로가 없으며 심판을 받을 과오만 있음을 의식할 때 은혜를 귀히 여기는 마음이 더욱 커집니다.

어려운 형편에 놓인 이웃들을 돌아보십시오. 많은 사람들이 극심한 가난, 그리고 슬픔과 싸우고 있습니다. 형통한 삶은 아무런 공로 없이 참으로 큰 은혜를 누리는 것입니다. 각 사람마다 다르게 나타나는 하나님의 선하심을 존중하며, 은혜를 베푸신 분께 깊고 진심 어린 감사를 드려야 합니다. 그때 우리는 풍요 앞에서 겸손해질 수 있고 빈곤 앞에서 감사할 수 있습니다. 세상에서 부와 성공을 누리는 사람들은 거룩한 의무에 더욱 충실해야 합니다. 은혜 가운데는 불완전한 이 땅에서만 유익하고 우리의 죽음과 함께 사라지는 것들이 있습니다. 예를 들면 회심, 믿음, 소망,

인내와 같은 것들입니다. 그에 따른 상급은 영원하지만, 이들의 쓰임은 이 땅에 국한됩니다. 반면에 사랑과 찬양은 천국에서도 계속됩니다. 성도들은 그곳에서 은혜를 베푸신 하나님을 영원히 사랑하고 높여 드릴 것입니다.

우리가 하나님의 은혜에 감사드릴 때 그분은 기뻐하시며 더 큰 은혜를 베푸십니다. 그렇기 때문에 감사는 우리 자신에게도 유익이 됩니다. 먼저 받은 은혜에 감사하면 또 다시 새로운 은혜가 주어집니다. 하나님의 은혜에 진정으로 감사한다면 은혜를 주신 분을 기쁘시게 하려고 노력해야 합니다. 입술로 늘 감사와 찬양을 외칠 수는 없지만, 마음속으로는 늘 하나님의 은혜를 기억하며 생활해야 합니다. 하나님의 모든 계명을 진심으로 존중했던 다윗은 이렇게 말했습니다. "주의 인자하심이 내 목전에 있나이다 내가 주의 진리 중에 행하여"(시 26:3).

4. 항상 깨어 경계하고 하나님을 경외하십시오

안일함은 곧 사탄을 도와주는 것입니다. 하지만 항상 깨어 경계하는 사람은 원수의 공격을 무력하게 만듭니다. 세상의 쾌락과 내면의 욕망이 협공할 때 신중함으로 이를 막을 수 있습니다.

부와 권세를 누리다가 멸망한 사람들의 악덕을 곰곰이 돌이켜 보면 선한 의지를 갖추는 데 도움이 됩니다.

"여호와를 경외하는 도는 정결하여"(시 19:9) 죄를 방지하는 데 효과적입니다. 솔로몬은 세상을 마음껏 즐기며 죄에 빠지기 쉬운 젊은이들에게 하나님께서 모든 헛된 욕망을 심판하신다는 것을 늘 기억하라는 조언을 남겼습니다. 이러한 심판에 대한 두려움은 부패한 욕망이 치솟는 것을 막는 데 도움이 되지만, 본질적인 해결책은 아닙니다. 거기서 한 걸음 더 나아가 하나님의 은혜를 생각하며 영혼이 부드럽게 길들여져 마음으로 그분을 경외할 때 실제로 죄를 억제할 수 있습니다. 호세아는 "여호와를 경외하므로 … 그의 은총으로 나아가리라"(호 3:5)고 말했습니다. 하나님의 근심과 분노를 일으켜 그분의 선한 은총을 잃지 않도록 두려움과 떨림으로 마음을 지키십시오. 하나님에 대한 두려움은 영혼을 보호합니다. 그것은 형벌이 무서워서 제압되는 노예의 두려움이 아닙니다. 하나님의 선하심을 알고 진정으로 감사할 때 자연스럽게 생기는 경외심입니다. 이는 하나님의 자녀가 마땅히 지녀야 할 소중한 태도이자 감정입니다. 성경은 "여호와를 경외함이 네 보배니라"(사 33:6)라고 말씀했습니다.

세상에서 형통한 사람은 그로 인한 안팎의 모든 유혹을 경계해야 합니다. 그렇지 않으면 한쪽 성문은 닫았지만 다른 쪽 성문은 원수에게 열어주는 사람처럼 어리석은 죄를 저지를 것입니다. 유혹은 늘 우리를 노리고 있습니다. 그만큼 우리도 늘 깨어서 경계해야 합니다. "항상 경외하는 자는 복되거니와"(잠 28:14).

5. 하나님께서 주신 축복을 알맞게 사용하십시오

하나님께서는 우리에게 많은 축복을 주십니다. 하나님이 주신 선물을 평안으로 만족스럽게 사용하는 것 또한 그분의 축복 중 하나입니다. 하나님의 선물을 통해 그분의 사랑을 맛보는 것은 특별히 은혜로운 일입니다. "하나님은 그가 기뻐하시는 자에게 지혜와 지식과 희락을 주"(전 2:26)십니다. 세상에서 쌓은 부를 주님의 선물로 여기고 알맞게 사용하십시오.

육신은 마귀의 충실한 조력자입니다. 헛된 생각과 안일한 태도를 부추겨 영혼을 해치고 세상을 즐기라 유혹합니다. 디오게네스는 병든 사람들이 아스클레피오스의 신전에 찾아와 희생 제사를 드린 후 탐욕스럽게 만찬을 즐기자 이렇게 소리쳤습니다. "이것이 건강을 회복하는 방법인가? 탐욕이야말로 건강한 자들에게는 질병을, 이미 앓는 자에게는 죽음을 가져다줄 것이다!"

영적인 일도 마찬가지입니다. 감각적인 즐거움을 무절제하게 누리면 영혼이 힘을 잃습니다. 습관적으로 부패한 감정에 치우치는 병든 영혼을 죽음에 이르게 합니다. 사도 바울은 "향락을 좋아하는 자는 살았으나 죽었느니라"(딤전 5:6)고 말했습니다. 육신을 만족시키는 자는 횃불이 자기 불꽃으로 스스로를 불사르는 것과 같습니다. 세상적인 부와 성공은 이런 정욕을 한껏 일으키고 무슨 짓으로든 그것을 만족시키려고 합니다. 그리하여 세속적이고 천박한 마음이 정신과 영혼을 지배하게 만듭니다.

예수 그리스도께서는 제자들을 향해 "방탕함과 술취함"(눅 21:34)을 조심하라고 당부하셨습니다. 이런 천박한 욕망을 만족시키려는 성향은 모두에게 있지만, 부와 권세를 누리는 자들은 특별히 더 강합니다. 자기 영혼을 오염시키지 않도록 주의를 기울여 소유를 적당하고 알맞게 사용하십시오. 세상 것들을 지나치게 귀히 여기거나 과하게 즐기지 않도록 늘 깨어 주의하십시오.

인간은 감각을 만족시키려는 본성 때문에 타락해 낙원에서 쫓겨났습니다. 이 상태는 지금까지 동일합니다. 지나친 쾌락이 생각을 어둡게 하고, 양심을 마비시켰습니다. 영혼의 밝은 빛은 힘을 잃었습니다. "음행과 묵은 포도주와 새 포도주가 마음을 빼앗"(호 4:10, 11)는다는 말씀을 기억하십시오. 사도 바울은 방탕을 일삼으면 "감각 없는 자"(엡 4:19)가 된다고 말했습니다. 감각이 없다는 건 죄와 그 위험을 민감하게 의식하지 못한다는 뜻입니다.

설령 합법적인 것이라 해도 너무 지나치게 즐기는 것은 위험합니다. 무엇이든 마음껏 즐겨보자는 마음보다는 두려운 마음으로 접근하는 것이 더 좋습니다. 그리고 죄를 분별하여 선을 넘지 않도록 항상 경계하고 절제해야 합니다. 죄의 경계선에 가까이 접근할수록 유혹의 바람에 휩쓸리기 쉽습니다.

세상에 속한 사람은 천국에 대한 말씀을 들어도 냉랭하게 반응합니다. 그런 사람은 영적인 축복을 그리 갈망하지도 않고, 주의 말씀을 통해 유익을 얻으려고도 하지 않습니다. 물론 교회에 다니고 신앙의 의무들을 지킬 수는 있습니다. 하지만 구원에 대한 갈망이 시들하기 때문에 열정을 찾을 수 없습니다. 참된 그리스도인이라면 이와 정반대로 행해야 합니다. 세상의 좋은 것을 봐도 무심하고, 육신을 좇는 일에도 시들해야 합니다. 참된 그리스도인은 잠깐뿐인 세상의 영광을 분별하기 때문에 그것에 관심을 갖지 않습니다. "기쁜 자들은 기쁘지 않은 자 같이 하며 매매하는 자들은 없는 자 같이 하며 세상 물건을 쓰는 자들은 다 쓰지 못하는 자 같이 하라"(고전 7:29-31). 이 말씀은 그리스도인들에게 주신 명령입니다.

감정을 사소한 것에 낭비할 때 인간은 죄를 짓고 불행을 초래합니다. 영원에 대해서는 한없이 무관심한 사람들이 세상의 명예와 부와 쾌락을 추구하는 일에는 삶을 헌신합니다. 그들은 필요할 때만 하나님을 이용하고, 세상을 천국처럼 여기며 마음대로 살아갑니다. 주를 닮아 선하게 살아가는 것은 그들에게 관심 밖의 일이고, 다만 덧없는 그림자를 잡으려고 애쓸 뿐입니다. 이 세상은 일시적이라는 사실을 깊이 묵상하십시오. 진정으로 우리의 영혼을 위한 것이 무엇인지 헤아려 보시기 바랍니다. 그것을 깨달으면 우리의 육신조차도 구원을 위해 사용될 수 있습니다. 지혜로운 자들은 세상에서 얻은 소유들을 가지고 자기 영혼의 유익을 위한 도구로 삼습니다.

6. 하나님과의 교제를 가장 귀하게 여기십시오

하나님을 참되게 사랑하는 사람은 그분을 항상 생각하고 주님과 친밀한 관계를 맺습니다. 온 마음으로 하나님을 경외하고 날마다 그분이 원하시는 방식을 선택합니다. 그리고 하나님께 마땅한 영광을 돌려드리기 위해 그분을 진심으로 기뻐합니다.

시편 저자는 하나님의 초월적인 성품을 깨닫고는 그분을 더욱 깊이 사랑하게 되었습니다. "하나님이여 주의 생각이 내게 어찌 그리 보배로우신지요 그 수가 어찌 그리 많은지요 내가 세려고 할지라도 그 수가 모래보다 많도소이다 내가 깰 때에도 여전히 주와 함께 있나이다"(시 139:17, 18). 이 말씀은 마치 숨을 쉴 때마다 깊은 만족을 누린다는 고백처럼 들립니다. 그는 하나님을 지극히 경외하며 그분을 더욱 알고자 했을 것입니다.

또한 시편 저자는 사람들이 격렬히 욕망하는 것들을 모두 하찮게 보았습니다. "여러 사람의 말이 우리에게 선을 보일 자 누구뇨 하오니"(시 4:6)라는 말씀에서 '선'은 감각적인 선을 가리킵니다. 육에 속한 사람들은 육신을 즐겁게 하는 것만 선하게 여깁니다. 그러나 시편 저자는 "주께서 내 마음에 두신 기쁨은 그들의 곡식과 새 포도주가 풍성할 때보다 더하니이다"(시 4:7)라고 고백했습니다. 그는 진정한 기쁨을 알았던 것입니다.

육신적인 사람은 영적인 즐거움을 모르기 때문에 세상의 달콤함을 좋아합니다. 하지만 새로운 본성을 입은 그리스도인은 더러운 쾌락을 탐하던 욕망을 버릴 수 있습니다. 다윗은 하나님의 은혜를 통해 참된 기쁨을 누렸습니다. 그는 하나님의 은혜를 생명보다 소중하게 여겼습니다. "주의 인자하심이 생명보다 나으므로 내 입술이 주를 찬양할 것이라"(시 63:3). 우리가 가질 수 있는 소유 중 가장 가치 있는 것은 오직 하나님의 은혜뿐입니다.

하나님과 교제하면 이 땅에서도 천국을 누립니다. 물론 천국에서 하나님의 충만한 영광 안에 있을 때의 기쁨이 더욱 크겠지만, 정도와 방식만 다를 뿐 우리는 본질적으로 동일한 기쁨을 이 땅에서도 누릴 수 있습니다. 아침과 정오의 햇빛은 밝기가 다르지만 하나뿐인 태양이 그 빛을 낸다는 점에서는 차이가 없듯이 말입니다.

경건한 사람이었던 욥은 육에 속한 사람들을 이렇게 묘사했습니다. "그들의 날을 행복하게 지내다가 … 그러할지라도 그들은 하나님께 말하기를 우리를 떠나소서 우리가 주의 도리 알기를 바라지 아니하나이다"(욥 21:13, 14). 회개하지 않은 사람은 하나님과 교제하기를 싫어합니다. 그가 풍요롭고 형통하다면 더욱 그렇습니다. 그는 하나님과의 교제로 이 땅에서도 천국을 누릴 수 있다는 사실을 알지 못합니다. 오히려 세속적인 기쁨을 좇으면서 영적인 기쁨의 가치를 훼손합니다. 육신적인 감각을 즐겁게 하는 것들은 그를 하나님으로부터 멀어지게 합니다. 이것이 부패한 마음이 세상에서 경험하는 가장 흔하고 보편적인 유혹입니다. 이 유혹은 특히 부와 명예를 누릴 때 가장 위험합니다.

집을 지을 때 지켜야 할 규칙이 많습니다. 그중에서도 가장 먼저 신경 쓰는 부분은 채광일 것입니다. 빛이 충분하게 잘 들어와야 더욱 만족스럽게 살 수 있습니다. 집 주변이 시원하게 뚫려 있고 어디서나 맑은 빛이 비추는 대지에서는 채광을 내는 것이 어렵지 않습니다. 하지만 건물이 빽빽하게 들어선 비좁은 도시는 상황이 다릅니다. 그곳에서 빛이 잘 들어오게 집을 지으려면 상당한 기술이 필요합니다. 아니면 다른 건물보다 집을 더 높이 세워야 할 것입니다. 천국은 영광의 빛이 가득하지만 우리가 사는 세상은 도시의 골목처럼 비좁고 빽빽합니다. 세상의 명예와 부, 쾌락이 우리의 눈을 가리고 참된 빛이 들어오지 못하게 막습니다. 따라서 부와 성공을 거둔 사람에게는 거룩한 기술이 필요합니다. 언제든지 하나님과 자유롭게 교제를 나누고 그분의 은혜를 잘 받아들이도록 마음을 열어놓아야 합니다.

꽃과 나무들을 가만히 관찰해 보십시오. 종류에 상관없이 모든 식물은 태양이 비치는 곳을 향해 뻗어갑니다. 햇빛이 주는 생명의 열기를 받아야 하기 때문입니다. 이처럼 우리도 날마다 기도와 찬양을 드리며 하나님을 향해 마음을 뻗어야 합니다. 이 거룩한 의무를 자주, 열심히 지키십시오. 이로써 우리 영혼은 하나님을 더욱 경외하며 하늘을 향하게 될 것입니다. 그리고 하나님께서는 성령의 사역을 통해 우리에게 오실 것입니다. 은혜를 받은 자의 마음은 은혜를 베풀어 주신 분을 향하기 마련입니다. 세상에서 누리는 일시적인 축복은 하나님의 사랑을 나타내는 선물입니다. 선물 자체보다는 선물을 베푸신 분을 더욱 귀히 여기고 마땅히 즐거워하십시오.

형통할 때 재물이나 쾌락에 마음을 두는 것은 하나님을 무시하고 모독하는 처사입니다(시 62:10). 주위를 보면 대놓고 신성모독과 악행을 일삼는 사람은 그리 많지 않습니다. 그러나 사람들의 마음 속에는 세상의 것들이 가득 차서 여호와의 선하심을 맛보아 알지 못합니다(시 34:8). 안타깝게도 이런 사람들은 거듭났다고 말하기 어렵습니다. 반면 그리스도인들은 회개와 죄 씻음을 통해 본성이 거룩해졌기 때문에 오직 하나님만을 기뻐하며 그분의 선하심을 즐겁게 받아들입니다. 회심하여 거듭난 성도는 세상의 헛된 것들에 대해 죽은 자입니다. 하지만 부와 명예와 쾌락으로 인해 하나님으로부터 마음이 멀어지면, 더럽고 무절제한 행동으로 육신의 욕망을 표출하고 파괴적인 결과를 일으킵니다. 하나님이 주신 축복을 사치로 남용하는 사람들은 자기 영혼을 조금씩 떼어 무저갱으로 던지는 것과 같습니다. 풍요를 누리면서도 하나님께 무관심한 자들의 영혼은 지금도 지옥을 향해 달려갑니다. 세상에 사는 동안 하나님을 가장 큰 기쁨으로 삼지 않는다면,

장차 천국에서도 그분을 영원히 기뻐할 수 없을 것입니다.

하지만 부와 권세를 누리면서도 하나님을 경외하고 사랑할 수 있습니다. 이 모든 걸 주신 하나님께 감사하며 그분의 사랑을 발견하는 것입니다. 일시적인 축복에만 감사할 것이 아니라, 죄 사함을 받고 하나님의 자녀가 되어 그분의 영원한 기업을 상속받는 일을 더욱 기뻐하십시오. 그분의 은혜를 깊이 묵상하는 것을 즐거워할 때 영혼은 충만히 살아납니다. 예수 그리스도께서는 설령 하나님의 능력이 나타나는 일이라 해도 그 성취만을 가지고 기뻐하지 말라고 제자들에게 당부하셨습니다. "귀신들이 너희에게 항복하는 것으로 기뻐하지 말고 너희 이름이 하늘에 기록된 것으로 기뻐하라"(눅 10:20). 영광스런 천국에의 소망, 예수 안에서 새로워진 신분을 생각한다면 덧없는 세상은 결단코 우리의 참된 기쁨이 될 수 없습니다.

그러므로 하나님만을 기뻐하십시오. 우리 영혼은 더욱 강하고 순결해져서 세상의 유혹을 물리칠 것입니다. "여호와로 인하여 기뻐하는 것이 너희의 힘이니라"(느 8:10). 하나님만이 기쁨의 근원이시며 또 우리가 기뻐할 유일한 대상이십니다. 이 온전한 기쁨은 우리를 옭아매고 더럽히는 세상의 유혹을 단호히 거절하도록 우리 영혼을 보호하며 강건하게 만듭니다. 그리스 신화에 나오는 사이렌이란 마녀들은 노래를 불러서 지나가는 사람들을 홀린 뒤 해치웠습니다. 그러나 시인 오르페우스는 비파로 그들의 노랫소리보다 더 아름다운 가락을 연주해 위험에서 벗어났습니다. 우리는 여기서 또 다른 교훈을 얻을 수 있습니다. 원수는 세상의 쾌락으로 우리의 정신을 미혹합니다. 화려하지만 치명적인 유혹의 노래를 날마다 부릅니다. 하지만 우리가 하나님을 분깃으로 삼고 그분의 넘치는 은혜로 영혼을 채운다면, 저절로 진정한 기쁨의 음악이 흘러나와 원수의 유혹을 물리칠 것입니다.

세상의 쾌락이 얼마나 파괴적인지 아는 사람은 그것을 혐오합니다. "모든 지각에 뛰어난 하나님의 평강"(빌 4:7)은 결코 흔들리지 않습니다. 이 평강을 소유한 자들은 이미 참된 만족을 경험했기 때문에 세상의 쾌락과 유혹에 넘어갈 수 없습니다.

7. 하나님의 영광을 위해 부와 성공을 사용하십시오

축복을 책임으로 받아들이시기 바랍니다. 받은 것이 많을수록 갚을 것도 늘어나는 셈입니다. 우리 소유는 실제로 우리 것이 아닙니다. 우리가 받고 누리는 모든 것들은 오직 하나님의 주권 아래에 있습니다. 그러므로 세상에서 거둔 부와 성공을 자기를 위해서만 사용하면 안 됩니다. 하나님의 뜻이 이 땅에 이루어지도록 그분의 영광을 위해 아낌없이 드릴 수 있어야 합니다.

물론 하나님께서는 스스로 영원하시며 영광 그 자체이신 분이십니다. 그분의 영광은 완전하여 본질적으로 더 늘어날 수 없습니다. 당연히 영광이 더 필요하실 리도 만무합니다. 그러나 우리가 하나님께 영광을 돌릴 때 그분의 영광은 사람들 앞에 드러납니다. 하나님께서는 받은 축복으로 이 일에 동참하라고 명령하셨습니다. 하나님은 모든 사람이 그분께 감사와 영광을 돌리기를 간절히 바라시며 오늘도 애쓰고 계십니다. 우리는 하나님의 뜻에 따라 그분의 영광을 귀하게 여기고 모든 사람에게 그 영광을 드러내야 합니다.

지위가 높은 사람들은 하나님의 이 복되신 뜻에 더욱 순종해야 합니다. 그들의 통치와 경영을 통해 하나님의 지혜와 거룩함, 그리고 공의와 긍휼을 나타내야 합니다. 세상에서 많은 부를 쌓은 사람은 각자 능력이 닿는 대로 다른 이웃들의 부족함을 채워주어야 합니다. 지혜로우신 하나님께서는 인간 사회를 다양한 계층으로 나누셨습니다. 그래서 서로가 서로에게 부족한 것을 채우며 도울 수 있도록 기회를 주셨습니다. 하나님의 청지기가 되어 그분의 축복을 나누는 일은 실로 특별한 은혜입니다.

보통 사람들은 온정적인 생각이 들 때만 자선을 베풉니다. 하지만 경건하고 부유한 그리스도인들은 하나님이 베풀 수 있는 능력을 주신다고 믿으며 항상 선을 행합니다. 그들은 하나님의 긍휼과 자비를 본받을 특별한 기회를 부여받았기에 세상에서 부를 쌓는 것임을 압니다. 그런데도 이를 감사하기는커녕 가난한 자들과 나누지도 않고, 오히려 더 빼앗아 채우려 한다면 그는 참으로 불의한 청지기입니다. "주는 것이 받는 것보다 복이 있다 하심을 기억하여야 할지니라"(행 20:35). 베풀면 더욱 큰 상급을 받습니다. 주님은 각자의 능력에 따라 "그 안에 있는 것으로 구제하라 그리하면 모든 것이 너희에게 깨끗하리라"(눅 11:41)고 말씀하셨습니다. 첫 열매를 거두어 성전에 바치면 나머지 수확물이 축복을 받고 거룩해집니다. 자선을 베푸십시오. 아무리 풍성하고 관대하게 자선을 베풀어도 절대 손해가 아닙니다. 사도 바울은 이렇게 권고했습니다.

"이 세대에서 부한 자들을 명하여 … 선을 행하고 선한 사업을 많이 하고 나누어 주기를 좋아하며 너그러운 자가 되게 하라 이것이 장래에 자기를 위하여 좋은 터를 쌓아 참된 생명을 취하는 것이니라"(딤전 6:17-19).

어떤 이들은 재물을 사치스럽게 낭비하고, 어떤 이들은 재물을 쌓아놓는 것에만 관심을 기울입니다. 두 경우 모두 하나님의 축복을 남용한 것입니다. 의로우신 하나님께서는 그 죄를 물으실 것입니다. 반면에 자신의 재물로 최선을 다해 하나님을 영화롭게 하고 축복을 나눠준 사람은 하나님의 넘치는 은혜를 상급으로 받습니다. 그를 통해 많은 사람들이 하나님께 감사를 드렸기 때문입니다.

히브리서 저자는 나그네를 대접하는 것은 부지중에 천사를 대접하는 것이라고 말합니다. 예수님께서는 "내 형제 중에 지극히 작은 자 하나에게 한 것이 곧 내게 한 것"(마 25:34-40)이라고 말씀하셨습니다. 마지막 날에 주님은 자기에게 선을 베푼 자들을 공적으로 치하하시고, 가난하지만 만족하며 감사해온 자들에게는 인내의 면류관을, 부유하면서도 긍휼을 베푼 자들에게는 관대함의 면류관을 씌워주실 것입니다.

부와 명예, 권세와 번영은 유혹이 될 수도 있고 도구가 될 수도 있습니다. 똑같은 축복을 받아도 육신의 감각을 따르는 사람은 정욕을 채우다가 파멸에 이르고, 지혜롭고 충성스러운 그리스도인은 하나님의 영광과 영적인 행복을 위해 사용함으로 주인의 즐거움에 참여합니다(마 25:19-21 참조).

8. 모든 소유를 언제든 하나님께 드리기로 결심하십시오

하나님께서는 때때로 그분의 종들에게 시련을 주십니다. 그래서 그가 참으로 하나님만을 귀하게 여기는지 살피시고 그의 진심과 열정을 드러내십니다. 그렇기 때문에 아직 어려움이 없다면 미리 결심하는 것이 좋습니다. 하나님이 요구하시면 언제라도 모든 소유를 드리겠다고 결정하는 것입니다. 그러면 부와 성공으로 해악을 당하지 않고 유혹과 범죄를 예방할 수 있습니다.

하나님을 섬기는 성도들에게 사탄은 도저히 화해할 수 없는 원수입니다. 그는 타락한 세상을 악한 방법으로 이용하여 하나님과 성도들을 대적합니다. 유대인들은 앞 못 보던 자가 예수님의 은혜로 시력을 회복하자 그를 출교시켰고(요 9:34), 나사로가 다시 살아나자 그를 죽이려고 모의했습니다(요 12:10, 11). 그러나 예수님의 은혜를 입은 두 사람은 그분께 모든 영광을 돌렸습니다.

거룩한 영혼은 형통할 때 절제할 수 있는 능력과 어려울 때 인내할 수 있는 능력을 지닙니다. 평소부터 세상의 즐거움에 마음을 두지 않고 천국을 바라본 사람은 어려움이 닥쳤을 때 수월하게 인내할 수 있습니다. 어느 철학자는 형통할 때부터 명예와 부에 집착하지 않았더니 신분이 바뀌어도 박탈감이 들지 않고 편

안히 포기할 수 있었다고 말했습니다. 세상의 축복을 포기하는 것도 마음 먹기에 따라 누군가에게는 머리카락을 싹둑 자르는 것처럼 쉬울 것이고, 누군가에게는 억지로 뽑는 것처럼 힘들고 고통스러울 것입니다.

세상이 아무리 빛난다 한들, 천국에서의 영광의 광채에 비하면 희미하고 흐릿할 뿐입니다. 그리스도인은 세상의 빛난 것들을 잃을 때 단지 인내만 하는 것이 아니라 천국을 위해 기쁘게 포기할 수 있어야 합니다. 모세가 바로 그런 사람이었습니다.

"믿음으로 모세는 … 하나님의 백성과 함께 고난 받기를 잠시 죄악의 낙을 누리는 것보다 더 좋아하고 그리스도를 위하여 받는 수모를 애굽의 모든 보화보다 더 큰 재물로 여겼으니 이는 상 주심을 바라봄이라"(히 11:24-26).

우리보다 먼저 그리스도를 믿었던 초대교회의 성도들도 그와 같았습니다.

"너희가 갇힌 자를 동정하고 너희 소유를 빼앗기는 것도 기쁘게 당한 것은 더 낫고 영구한 소유가 있는 줄 앎이라"(히 10:34).

참되고 영원한 축복을 소망하십시오. 크고 튼튼한 방패는 전쟁터에서 창칼을 막아주고, 난파되었을 때 뗏목이 되어줍니다. 천국에의 소망은 이런 방패와 같아서 형통할 때는 유혹으로부터 우리를 보호해주고, 시련을 당할 때는 절망하지 않도록 도와줄 것입니다.

9. 충분할 때도 항상 하나님의 은혜를 간절히 구하십시오

사도 바울은 풍부에 처할 줄도 알고 비천에 처할 줄도 아는 일체의 비결을 배웠다고 고백했습니다. 그러면서 "내게 능력 주시는 자 안에서 내가 모든 것을 할 수 있느니라"(빌 4:12, 13)고 덧붙였습니다. 연약한 인간이 세상의 달콤한 유혹 앞에서도 순결하고 정직하려면 더 많은 능력이 필요합니다. 이것은 오직 예수 그리스도께서만 주실 수 있는 능력입니다. 우리는 겸손한 기도를 통해 이 능력을 얻을 수 있습니다.

엘리사는 하나님의 부르심 앞에서 엘리야의 갑절의 영감을 요구했습니다. 이에 대해 성(聖) 오스틴은 엘리야가 유명한 선지자로 활동하면서 끊임없는 박해와 위험을 당했기 때문이라고 말합니다. 그것을 곁에서 지켜본 엘리사는 자신 역시 특별한 은혜가 필요함을 알았던 것입니다.

폭풍우를 자주 겪은 나무들은 굳세게 자라 흔들리지 않지만, 볕 좋은 계곡에서 자란 나무들은 바람에 쉽게 넘어집니다. 고난

속에서 자신을 잘 다스리려면 날마다 하나님의 지혜를 구해야 합니다. 예수님께서는 "너희의 인내로 너희 영혼을 얻으리라" (눅 21:19)고 말씀하셨습니다. 인내하며 자신의 욕망을 잘 다스리는 사람은 정욕 때문에 하나님을 거역하는 죄를 짓지 않습니다. 하나님께 지혜를 공급받으면 고난까지도 자기 영혼의 유익을 위해 사용할 수 있습니다.

형통할 때도 마찬가지입니다. 풍요 속에서도 스스로를 잘 다스릴 수 있도록 날마다 하늘의 지혜를 구하십시오. 유혹은 빈번히 다시 찾아오고, 연약한 인간은 거기에 쉽게 이끌립니다. 따라서 형통할 때 이성이 주도권을 잡도록 만들어야 합니다. 그래야 부와 성공을 잘 다스려 하나님의 거룩한 목적을 이룰 수 있습니다. 사탄은 끊임없이 네 욕심대로 살아도 된다며 속삭일 것입니다. 자기 영혼을 아낀다면 이런 유혹을 물리칠 수 있도록 항상 깨어 기도하십시오.

하나님께서 허락하신 풍요의 축복은 우리를 더욱 겸손하고 거룩하게 만들어 줍니다. 부와 명예, 권세가 하나님이 주신 축복이라는 걸 분명히 믿는다면 반드시 그분의 뜻에 따라 살아가게 될 것입니다. 하나님이 분노하시는 일에 함께 분노하고, 그분이 기뻐하시는 일에 열정을 다해 동참하십시오. 이로써 우리는 하나님의 은혜를 입은 자임을 나타낼 수 있습니다. 또한 영원한 행복을 약속받을 것입니다. 세상에서 누리는 복도 귀하지만 이후에 하늘에서 누릴 영광과 소망은 그에 비교할 수 없습니다. 하나님께서는 그분의 충성된 친구들을 위해 마지막까지 가장 좋은 포도주를 아껴두고 계십니다.

"가난한 자를 불쌍히 여기는 것은

여호와께 꾸어 드리는 것이니

그의 선행을 그에게 갚아 주시리라"

(잠 19:17).

부와 성공에 대한 점검 리스트

1. 부와 성공이 부르는 유혹 점검
   - ☐ 1. 쉽게 싫증을 느끼며, 새로운 즐거움에 항상 목마른가?
   - ☐ 2. 평소 조심하던 일에 경계가 느슨해지진 않았는가?
   - ☐ 3. 사소한 죄를 반복하면서 큰 죄가 아니니 괜찮다고 생각하는가?
   - ☐ 4. 부와 성공을 이용해 죄를 감추고픈 마음이나 시도가 있는가?
   - ☐ 5. 부와 성공을 위해서는 어떤 수고와 희생도 감수하고 마는가?
   - ☐ 6. 내가 유혹에 빠질 때 거침없이 조언을 해주는 지인이 있는가?

2. 부와 성공에 뒤따르는 교만 점검
   - ☐ 7. 바라는 바를 이루지 못하거나 손해를 보았을 때 격한 분노를 느끼는가?
   - ☐ 8. 자신의 체면이 구겨졌다 느낄 때 크게 화를 내는가?
   - ☐ 9. 자신보다 못한 처지의 사람들을 내심 낮게 보지 않는가?
   - ☐ 10. 언제 어디서든 자신의 모습에만 집중하는가?

- ☐ 11. 자신이 성취한 것을 자주 되새기는가?
- ☐ 12. 하나님께서 자신을 긍휼히 여기실 이유가 없다고 느끼는가?
- ☐ 13. 책망하는 설교를 들으면 반발심이 생기는가?
- ☐ 14. 심판에 대한 말씀을 들을 때 불쾌함을 느끼는가?
- ☐ 15. 영적인 필요를 인정하는 데 자존심이 상하는가?
- ☐ 16. 목회자나 교역자를 낮게 평가하지는 않는가?
- ☐ 17. 성공해야 하나님께 더욱 인정을 받는다고 생각하는가?

3. 부와 성공 앞에서 영혼의 문제 점검

- ☐ 18. 양심에 불편함을 느낄 때 회피하거나 그냥 잊어버리려 하는가?
- ☐ 19. 하나님의 말씀을 어겨도 아무런 느낌이 없는가?
- ☐ 20. 구원에 대한 갈망과 열정이 시들지 않았는가?
- ☐ 21. 하나님을 깊이 묵상하는 데 어려움을 느끼는가?
- ☐ 22. 불안을 느낄 때 세상적인 즐거움으로 마음을 진정시키는가?
- ☐ 23. 죄에 대한 진지한 성찰을 거부하거나 회피하지 않는가?
- ☐ 24. 어차피 나중에 회개하면 되므로 잠깐은 죄를 지어도 괜찮다고 생각하는가?
- ☐ 25. 당장 내일이라도 죽을 수 있다는 사실을 충분히 인지하는가?

4. 부와 성공을 바라보는 관점 점검

- ☐ 26. 지금 누리는 부와 성공이 영원할 것이라 생각하는가?

☐ 27. 부와 성공이 자신의 삶을 지켜줄 것이라 생각하는가?

☐ 28. 부와 성공으로 슬픔과 질병을 피할 수 있다 생각하는가?

☐ 29. 부와 성공이 죄의 문제를 해결한다고 생각하는가?

☐ 30. 부와 성공은 하나님의 사랑을 나타낸다고 생각하는가?

☐ 31. 지금 내가 열심을 내는 일이 천국에서도 의미가 있는가?

☐ 32. 부와 성공을 얻으면 행복할 거라고 생각하는가?

5. 고난을 바라보는 관점 점검

☐ 33. 위험의 조짐만 보여도 쉽게 나약하지며 의지를 잃는가?

☐ 34. 고난 앞에서 하나님의 사랑을 의심하지 않는가?

☐ 35. 고난 앞에서 믿음보다 부와 성공을 선택하지는 않는가?

☐ 36. 모두 버리고 그리스도를 따르라는 부르심을 받을까 두려운가?

☐ 37. 믿음 때문에 고난을 당해도 감수하고 받아들일 수 있는가?

☐ 38. 형통할 때에도 고난이 올 수 있음을 늘 기억하고 준비하는가?

☐ 39. 끝까지 믿음을 지키면 주와 함께 기쁨을 누릴 것을 믿는가?

☐ 40. 고난은 불행을 의미하는가?

6. 부와 성공을 받아들이는 태도 점검

☐ 41. 하나님을 의지한다고 하면서, 사실은 자신이 이룬 것을 의지하지 않는가?

☐ 42. 자신의 노력과 계획으로 부와 성공을 이루었다고 생각하는가?

- ☐ 43. 하나님께서 모든 것을 창조하시고 모든 것의 근원이심을 인정하는가?
- ☐ 44. 내가 소유한 모든 것은 하나님께서 축복으로 주셨음을 늘 기억하는가?
- ☐ 45. 평범하고 일상적인 은혜에도 날마다 충분히 감사하는가?
- ☐ 46. 감사할 때도 간구할 때만큼 열정을 다하는가?
- ☐ 47. 하나님보다 부와 성공을 더 많이 생각하지는 않는가?

7. 부와 성공을 축복으로 만드는 실천 점검

- ☐ 48. 내가 받은 모든 것을 이용해 하나님의 선하심을 나타내려 노력하는가?
- ☐ 49. 재물을 쌓는 데만 기쁨을 느끼며 몰두하는가?
- ☐ 50. 재물을 쓰는 일이 즐거워 나도 모르게 낭비하진 않는가?
- ☐ 51. 내가 가진 것으로 이웃들의 부족함을 채워주려 애쓰는가?
- ☐ 52. 남의 것을 빼앗아 채우려 한 적은 없는가?
- ☐ 53. 자선을 베풀 때 손해 보는 느낌이 드는가?
- ☐ 54. 재물은 하나님의 소유이고, 나는 하나님께서 세우신 청지기임을 이해하는가?
- ☐ 55. 언제라도 모든 소유를 주께 드릴 준비가 되었는가?
- ☐ 56. 내일 당장 주님이 오신다면 미련 없이 기쁘게 맞이할 준비가 되었는가?

저자의 글

부와 성공을 사용하는 지혜의 서

세상에서 부와 성공을 누리는 일보다 더 위험한 시험이 있을까요? 모든 시대를 아울러 수많은 사람들이 경험을 통해 입증한 사실입니다. 부와 성공은 인간의 환심을 자극해 쉽게 넘어지게 만들고, 원수는 그 탁월한 유혹을 너무나도 잘 이용하고 있습니다.

원수는 예수 그리스도께도 세상 나라와 그 영광을 누리게 해주겠다는 유혹의 미끼를 던졌습니다. 예수 그리스도를 미혹해 완전한 순결함을 훼손하려던 것입니다. 그러나 구세주께서는 유혹에 이끌리는 그릇된 성향을 조금도 지니지 않으십니다. 제아무리 원수라 해도 그분께는 아무런 영향력을 행사할 수 없습니다.

하지만 육신을 입은 우리는 어떻습니까? 우리 모두는 육신의 만족에 쉽게 이끌리는 겉사람의 마음, 즉 타락하고 부패한 중심을 가지고 있습니다. 우리의 육신은 부와 성공을 누릴 때 만족감을 느낍니다. 하지만 그 즐거움은 잠깐입니다. 그럴 듯하게 포장된 독약처럼 결국에는 치명적인 해악을 가져옵니다. 부와 성공이 특히 더 해로운 이유는 사람들이 부와 성공을 그다지 위험하게 여기지 않기 때문입니다. 성공에의 유혹은 너무도 자주 우리를 찾아오고, 우리는 그 유혹을 반갑게 맞이합니다. 그리고 '육신의 정욕'에 활력을 제공해 그 내면의 악한 원수가 더욱 담대하게 날뛰도록 만듭니다. 부와 성공은 이처럼 육신의 정욕을 부추깁니다. 영혼을 더럽히고 부패하게 만드는 육신의 정욕이 만족을 얻을수록, 정욕은 터무니없이 커져 다루기가 더욱 힘들어질 것입니다.

부에 대한 욕망은 죄인의 회심과 변화를 가로막는 가장 큰 걸림돌입니다. 육신의 다양한 쾌락을 누리는 동안에는 양심의 책망이 들리지 않습니다. 설사 들린다 하더라도 좀처럼 귀 기울이지 않습니다. 이렇듯 부와 성공은 양심을 마비시킵니다. 하나님의 심판을 두려워하지 않도록 만들어 우리로 육신적인 안일함에 빠지게 합니다. 이러한 죄인은 하나님의 능력을 의식하기 전에는 그분의 권위를 존중하지도, 거기에 복종하지도 않습니다. 오직 교만과 허영, 사치와 나태를 일삼으며 하나님의 축복을 남용합니다.

마음이 강퍅해진 그들은 죄를 뉘우칠 줄도, 감사할 줄도 모릅니다. 그들은 죽음이 찾아와 더 이상 육신의 정욕을 채울 수 없을 때까지 계속 죄의 길을 달려갈 것입니다. 은혜 없는 사람들에게 부와 성공은 형벌이요 멸망입니다. 사악한 자들에게는 넘어뜨리는 올무입니다. 세상의 부를 쌓아 자기 욕심만 채우는 사람은 어떻게 되겠습니까? 그를 심판하기 위해 불과 유황이 폭풍우처럼 몰아닥치는 것을 머지않아 볼 것입니다.

부와 성공을 누리는 자들 중에는 드러내놓고 악하게 살지는 않지만, 그 심령은 이미 부패한 사람도 있습니다. 그들은 의식하지 못한 채 죽음을 향해 서서히 다가갑니다. 스스로를 기쁘게 하는 데 몰두해 이 세상의 좋은 것들을 지나치게 즐거워하며, 귀하게 여기고, 그것이 행복이라 착각합니다. 이들이 세상의 것을 즐기는 태도를 보면, 내놓고 사치와 방탕을 일삼는 이들보다는 이성적이고 덜 탐욕스럽습니다. 그러나 그들이 하는 말을 들으면, 하나님에게서 멀리 떠나 있음을 분명히 알 수 있습니다. 그들은 마음으로 하나님을 경배하지도 않고, 그분의 가장 탁월하고 사랑스런 성품을 존중하지도 않으며, 그분과의 교제를 가장 큰 즐거움으로 생각하지도 않습니다. 신앙은 쓸데없이 까다롭고 엄격하다 생각하며, 그저 육신적인 욕구를 채우는 것만을 기쁨으로 여깁니다.

그들은 스스로를 속이는 어리석은 환자와 같습니다. 매 순간 고통을 느끼다가 병세가 다소 완화되는 순간에만 기쁨을 느끼는 환자 말입니다. 그들은 완전히 건강해지면 더욱 온전하고 지속적인 즐거움을 누릴 텐데도, '고통이 잦아드는 기쁨'을 잃을까봐 병이 낫는 것을 아쉬워합니다.

천사들은 육신적인 쾌락을 느낄 수 없습니다. 그들은 '다소 완화된 악'이 아니라 '완전한 선'을 통해 행복을 느낍니다. 반대로 동물들은 오직 감각적인 즐거움만 느낍니다. 배고픔과 갈증, 피곤함과 같은 자연적 욕구가 해결될 때, 혹은 질병과 고통 같은 우연적인 해악에서 벗어날 때 만족을 느낍니다. 많은 사람들이 하나님의 은혜와 그분에 대한 복종을 통해 주어지는 천사의 기쁨보다 감각을 자극하는 동물의 기쁨에 더 이끌립니다. 그러나 이 땅에서 하나님을 가장 크게 즐거워하지 않는다면, 천국에서도 그분을 영원히 즐거워할 수 없습니다. 동물의 기쁨에 현혹된다는 건 심령이 아직 거듭나지 못했다는 뜻입니다. 이는 장차 다가올 불행을 피할 수 없다는 안타까운 징후입니다.

부와 성공에 현혹된 사람들은 그런 축복을 베풀어 주신 하나님께 감사하지도 않을 뿐더러 자신의 부와 권력을 하나님의 영광을 위해 사용하지도 않습니다. 하나님의 축복을 마음으로부터 기꺼이 인정하는 사람만이 긍휼을 베풀 수 있습니다. 그러나 삶이 형통하다 보면 하나님의 주권과 선하심을 의식하는 마음이 사라집니다. 그리스도인이라고 하면서 무신론자처럼 행동하는 사람은 무조건 신이 없다고 주장하는 사람만큼이나 파괴적인 결과를 낳습니다.

하나님께로부터 위탁받았을 뿐인 재물과 돈을 마치 자기 것인 양 마음대로 사용하는 사람들이 얼마나 많은지 모릅니다. 부는 선한 일을 행하라고 주어진 것입니다. 재물을 옳게 사용하면 낙원처럼 풍요로울 테지만, 욕심을 따르는 데 쓴다면 아프리카의 사막처럼 황량할 것입니다. 재물이 많은 사람은 많은 축복을 받았기 때문에 자신이 받은 만큼 축복의 빚을 지닌 셈입니다. 재물을 자기 욕심에 따라 남용한다면 장차 지고하신 하나님 앞에서 더 무거운 심판을 받게 될 것입니다. 지금까지 설명한 내용을 포함해 여러 각도에서 생각해 보면 세상에서 부를 누리는 일이 얼마나 위험한지 분명히 알 수 있습니다.

부와 성공을 선하게 사용하십시오. 그리하여 뒤따라올 해악을 피하십시오. 영원한 행복을 위해 부와 성공을 사용하는 것이 거룩하고 고결한 지혜입니다. 이 책의 목적은 바로 이 지혜를 설명하는 것입니다. 모든 사람들의 영혼이 구원받기를 진심으로 바라는 한 사람으로서, 모두가 하나님의 축복을 받아 누리기를 겸손히 간구하는 바입니다.

_ 윌리엄 베이츠

사명선언문

너희가 흠이 없고 순전하여……세상에서 그들 가운데 빛들로
나타내며 생명의 말씀을 밝혀 _ 빌 2:15-16

1. 생명을 담겠습니다
만드는 책에 주님 주신 생명을 담겠습니다.
그 책으로 복음을 선포하겠습니다.

2. 말씀을 밝히겠습니다
생명의 근본은 말씀입니다.
말씀을 밝혀 성도와 교회의 성장을 돕겠습니다.

3. 빛이 되겠습니다
시대와 영혼의 어두움을 밝혀 주님 앞으로 이끄는
빛이 되는 책을 만들겠습니다.

4. 순전히 행하겠습니다
책을 만들고 전하는 일과 경영하는 일에 부끄러움이 없는
정직함으로 행하겠습니다.

5. 끝까지 전파하겠습니다
모든 사람에게, 땅 끝까지, 주님 오시는 그날까지
복음을 전하는 사명을 다하겠습니다.

서점 안내

광화문점 서울시 종로구 새문안로 69 구세군회관 1층
02)737-2288(T) 02)737-4623(F)

강남점 서울시 서초구 신반포로 177 반포쇼핑타운 3동 2층
02)595-1211(T) 02)595-3549(F)

구로점 서울시 구로구 시흥대로 577 3층
02)858-8744(T) 02)838-0653(F)

노원점 서울시 노원구 동일로 1366 삼봉빌딩 지하 1층
02)938-7979(T) 02)3391-6169(F)

분당점 경기도 성남시 분당구 황새울로 315 대현빌딩 3층
031)707-5566(T) 031)707-4999(F)

신촌점 서울시 마포구 서강로 144 동인빌딩 8층
02)702-1411(T) 02)702-1131(F)

일산점 경기도 고양시 일산서구 중앙로 1391 레이크타운 지하 1층
031)916-8787(T) 031)916-8788(F)

의정부점 경기도 의정부시 청사로47번길 12 성산타워 3층
031)845-0600(T) 031)852-6930(F)

인터넷서점 www.lifebook.co.kr